制度経済学原理

髙橋 真 著

税務経理協会

はしがき

　平成23年（2011年）3月11日（金）午後2時46分，宮城県沖を震源とするマグニチュード9.0の激しい地震が発生し，さらに巨大津波が宮城県，岩手県，福島県などの東北地方沿岸地域とその周辺地域を襲い，想像を絶するほどの数の犠牲者と言葉を失うほどの被害をもたらした。さらに，地震と津波による福島第一原子力発電所の爆発事故は，多くの人々に永年住みなれた地域からの退去を強いることになった。

　東日本大震災により，生産から消費までの市場を媒介とする経済は完全に破壊された。そこに残ったものは地域の「互助」の経済であった。「ご近所」同士がお互いにあるものを持ち寄って何とか生活を営む経済の姿が，そこには見られた。自衛隊，警察，消防，海上保安庁による献身的な救助・捜索活動や各地方自治体職員によるライフライン復旧のための公共的援助活動の一方で，多くの民間ボランティアの活動が被災者の支援にあたり，貢献している。

　震災後の姿は，自由競争と貨幣的市場経済とは全く異なる経済の姿であった。新古典派経済学が理論前提に置く「経済人」（ホモ・エコノミカス）は，残念ながらそこには見あたらない。

　個人の利益を犠牲にしても，他者とのつながりと協働する営みを優先する人々がそこには見られた。また，個人の力が及ばない領域については，政府の公共活動，特に公共的利益（公共善）を実現する政府の活動は不可避である。

　さらに，個々人が意識するかどうかは別として，われわれはそれぞれの経済社会の持つ文化，伝統，習慣，慣例の中に生き，生かされ，そして生活している。経済活動は人間が生きている社会の文化，しきたり，伝統から分離して営まれるのではなく，逆に深く入り込んでいる。

　震災後の今夏，多くの被災地域で，これまで当たり前に営まれてきた花火大会や祭りが中止されるのではなく，規模と形を変えながらも多くの人々の激励を受けて実施された。それは，犠牲者への単なる鎮魂ではない。それは，伝統

や文化を通して，ごく当たり前の経済を取り戻そうとする営みである。

　これらのごく当たり前のことを，正面から受け止め，考える手立てとして，ここに「制度経済学原理」を提示する。それは，まさに上記のことを考えるに足る十分な材料を「制度経済学」は提供していると確信するからである。明らかに，市場経済観に立脚した経済学とは異なる経済学がそこには存在する。

　現在，経済学の世界では，本書で述べる「制度経済学」とは別に，「制度の経済学」としての新古典派的基礎概念を受け継いだ「新制度経済学」（New Institutional Economics）が存在する。そして，この「新制度経済学」が「制度経済学」として位置づけられることがある。近年のノーベル経済学賞の受賞者にはこの分野の経済学者が複数名いることからもわかるように，「新制度経済学」への評価が経済学において高まっていることは事実である。

　しかしながら，「人間とは何か」「生きるとは何か」「経済とは何か」そして「社会とは何か」という基本的な設問に対して答える手立てを与えてくれるものは，本書で扱う「制度経済学」である。未曾有の震災から，改めて「人間の経済」を考える経済学としての「制度経済学」の基本原理（中核）を本書では提示する。

　本書の構成は以下のとおりである。

　第1章では，制度経済学の研究方法と基礎概念を取り扱い，制度経済学の独自性の意味を明らかにする。

　第2章では，制度経済学の成立から現在までの歴史を詳述する。それは，制度経済学の基本的な考え方を理解する上で重要である。また，そこではその歴史過程が制度経済学の理論形成に大きく影響していることが明らかになる。

　第3章では，制度経済学の基礎理論としての制度変化とその調整に関する理論について詳述する。それは，さまざまな社会経済問題の理解とその解決策としての制度の変更を考える上で，より重要な内容となっている。

　第4章では，現代資本主義の制度的分析を権力の概念を用いて解明する。そこでは，経済において権力がどのように機能し，現代の資本主義を特徴づけているのかが明確になる。

はしがき

　第5章では，現代の経済に特有の消費行動を分析する。そこでは，社会経済の状況や消費者の地位による消費行動の違いが明らかになる。さらに，現代の経済社会に生きる人間の心理から特徴的な消費行動が浮き彫りになる。

　第6章では，経済政策体系としての制度経済学の特徴を明らかにする。この章では，制度経済学が単なる経済理論としてではなく，総合経済政策論としての性格を有していることが明らかになる。その意味で，制度経済学は総合経済政策論であることが，理解されよう。

　第7章では，市場の失敗としての公益事業を例にして，政府による規制についての制度経済学の立場を明らかにする。「自由競争か，あるいは政府規制か」といった二者択一的な議論を克服するための知恵をそこに見出すことができる。

　私は，制度経済学を本格的に研究対象にしてから約35年が過ぎようとしている。私を制度経済学に導いてくださったのは，私の学部・大学院での指導教授である東北学院大学名誉教授赤澤昭三先生である。これまでの赤澤昭三先生の温かいご指導なくして，今日の私は存在しないし，本書も存在しない。改めて，赤澤昭三先生に感謝申し上げる。また，東北学院大学経済学部教授の関谷登先生には，長年にわたりさまざまな面で経済学的な刺激と激励をいただいている。関谷登先生との会話は，私にとっていつも「経済学とは何か」という最も基本的で根本的な問題を考える機会となっている。この場を借りて，感謝申し上げる。

　九州産業大学経済学部教授の佐々野謙治先生には，私の大学院学生時代以来，制度経済学に関する助言を頂戴している。今回の震災時には，遠く福岡から私たち夫婦の安否を心配していただき，物心両面で支えていただいた。佐々野謙治先生と俊江夫人に，感謝申し上げる。

　また，私が勤務する尚絅学院大学では授業科目として「制度経済学」が設けられている。尚絅学院大学　佐々木公明学長には，私の「制度経済学」に関する研究活動や教育活動にご理解をいただくとともに，自由な教育研究活動の場

を提供していただいている。このような環境がなければ，本書を執筆する意欲は萎えていたであろう。佐々木公明学長に，この場を借りて，深く感謝申し上げる。

　震災後の不自由な生活からはひとまず解放されたとはいえ，いまだにおさまらない余震の中で本書執筆を決断し，ここに執筆することができたのは，妻の全面的な協力と細やかな配慮のおかげである。妻　純子に感謝する。

　東日本大震災は，私の身近な友人，知人，教え子たちだけでなく，多くの人々に深い悲しみと不幸をもたらした。そのような中にあって，私は幸いにも震災からの大きな被害を受けることなく，日常を営んでいる。あの震災時の状況を考えれば，私はたまたま生かされたのではないかと感じている。制度経済学が人間の生命過程を一つのテーマとしていることを思えば，本書の執筆は震災で犠牲になられた多くの方々に対して，いま私のできる唯一のことであると思われた。震災で犠牲になられた多くの方々のご冥福をお祈りするとともに，被災した地域の人々の心に希望と安らぎが戻り，破壊されたふるさとが以前の美しい姿を取り戻す日が一日も早く来ることを願っている。

　最後に，本書の出版をお引き受けいただいた㈱税務経理協会に感謝申し上げる。また，震災後に必要な物資をお送りいただき，また本書の企画から出版までの作業に携わっていただいた㈱税務経理協会シニアエディター　峯村英治氏に感謝申し上げる。

　　平成23年（2011年）10月8日
　　　　　生きることの意味を教えてくれているくりのすけとうらら，
　　　　　　　　笑いを与えてくれるみかんとともに
　　　　　　　　　　　　　　　　　　　　　　　　　　髙橋　真

目　次

はしがき

第1章　制度経済学の構想 ……………………………………………… 3
- 第1節　制度経済学とは何か ………………………………………… 3
- 第2節　制度経済学の基礎概念 ……………………………………… 7
- 第3節　制度経済学の方法 …………………………………………… 9

第2章　制度経済学の史的展開 ………………………………………… 19
- 第1節　制度経済学の時代区分 ……………………………………… 19
- 第2節　制度経済学成立の背景 ……………………………………… 21
- 第3節　旧制度主義 …………………………………………………… 25
- 第4節　ネオ制度主義の主流派経済学批判 ………………………… 30
- 第5節　組織的活動としてのＡＦＥＥとＡＦＩＴ ………………… 34
- 第6節　ラディカル制度主義 ………………………………………… 42

第3章　制度変化と調整の一般理論 …………………………………… 53
- 第1節　二分法分析 …………………………………………………… 53
- 第2節　二分法の歴史解釈 …………………………………………… 54
- 第3節　制度的調整の原理 …………………………………………… 58
- 第4節　問題解決プロセスとしての制度変化 ……………………… 61
- 第5節　制度的調整の意義 …………………………………………… 64

第4章　現代資本主義の制度経済分析 ………………………………… 67
- 第1節　現代資本主義システムの構図 ……………………………… 67
- 第2節　企業行動と権力 ……………………………………………… 69
- 第3節　改革の前提条件 ……………………………………………… 75
- 第4節　システム改革としての対抗力 ……………………………… 77

第5章　現代消費行動の理論 83
　第1節　消費主体としての消費者 83
　第2節　現代資本主義システムと消費行動 84
　第3節　見栄と消費 90
　第4節　消費の複合効果 92
　第5節　現代消費行動論の意義 95

第6章　制度経済学の政策体系 101
　第1節　経済への政策的介入 101
　第2節　制度経済学の政策的特徴 103
　第3節　政策科学と価値判断 105
　第4節　政策主体としての政府・国家 108
　第5節　政策手段としてのコントロール 110
　第6節　有効な経済政策 112

第7章　市場の失敗と政府規制 117
　第1節　市場の失敗と公益事業 117
　第2節　公益事業規制に対する制度経済学的対応 120
　第3節　市場主義政策の展開 124
　第4節　市場主義政策に対する制度経済学的評価 125
　第5節　政府規制の制度経済学的意味 128

あとがき 133
事項索引 135
人名索引 142

制度経済学原理

高橋　真 著

第1章

制度経済学の構想

【本章の構成】
第1節 制度経済学とは何か
第2節 制度経済学の基礎概念
第3節 制度経済学の方法

第1節 制度経済学とは何か

　イギリスに誕生した自由市場経済を基本とする古典派・新古典派経済学（classical-neoclassical economics）に対抗する形で，19世紀後半以降にアメリカに誕生し，「アメリカ独自の経済学」といわれる「制度経済学」（Institutional Economics）とは何か。あるいは，「制度経済学」とはどのような経済学を意味するのか。この問いに対する1つの答えとして，「制度を主要なテーマとして扱う経済学（あるいは経済学研究）」という答えが考えられる。しかし，その答えは「制度の経済学」（Economics of institutions）としては妥当性を有するが，「制度経済学」の答えとしては不十分である。なぜなら，「制度経済学」とは，明確に意味づけられた独自性を持った1つの経済学だからである。それは，19世紀後半以降にアメリカで活躍したソースティン・ヴェブレン（Thorstein Veblen）やジョン・R・コモンズ（John R. Commons）などの経済学者たちによって確立された経済学であり，その流れは現在まで続いているのである。なお，「制度経済学」が扱う制度の定義については，第2節で詳しく述べる。
　「制度経済学」が明確に意味づけられた独自性を持った経済学であると表現したのには，理由がある。それは，「制度経済学」の名称が定着化する時点で（あるいは命名される時点で），ある明確な意味を有する経済学として位置づけら

れていたからである。

　ここで,「制度経済学」という名称がはじめて用いられた経緯を説明することによって,「制度経済学」が自由競争的市場経済を主要テーマにしてきた古典学派（classical school）や新古典学派（neo classical school）の経済学とは明らかに区別された経済学として位置づけられてきたことが理解できるであろう。

　「制度経済学」の名称がはじめて用いられたのは,ウォールトン・H・ハミルトン（Walton H. Hamilton）によってである。

　ウォールトン・ハミルトンは,1918年のアメリカ経済学会第31回大会において「経済理論に対する制度的アプローチ」(The Institutional Approach to Economic Theory) と題する研究報告を行った[1]。この研究報告によって,「制度経済学」(Institutional Economics) あるいは「制度主義」(Institutionalism) という名称が一般に広まることになった。とはいえ,ウォールトン・ハミルトンは,それ以前の発行の1916年の雑誌 *The Journal of Political Economy* 掲載の論文「ホクシーの経済学の発展」(The Development of Hoxie's Economics) [2] の中で,すでに「制度経済学」あるいは「制度主義」の名称を用いていた[3]。

　ウォールトン・ハミルトンは,以下のような内容を持つ経済学として「制度経済学」あるいは「制度主義」を規定していた。

　ウォールトン・ハミルトンによれば,経済理論には2つのタイプがある[4]。第1のタイプは価値（value）の源泉やその表現に関するものであり,「価値経済学」(value economics) といえるものである。これに対して,第2のタイプは経済システムの性質を規定する慣習やしきたりなどに関するものであり,これが「制度経済学」(institutional economics) である。

　第1のタイプの「価値経済学」においては「われわれが生活している産業社会の性質について,それが指摘する結論は間接的なもの」[5]であり,第2のタイプの「制度経済学」こそが「経済現象間の秩序の性質や範囲,あるいは人間の福祉と関連する産業の現象を説明する」[6]ことができるのである。

　すなわち,経済を価値や価格との関連においてのみ捉えるのではなく,経済の構造的な解明と人間の福祉から見た意義づけを経済学の中に取り入れたもの

が「制度経済学」であるといえるのである。

ところで、ウォールトン・ハミルトンは、経済理論として成立するためには次の5つの資格要件を満たさなければならず、「制度経済学」だけがそれらの資格要件を満たしているとしている[7]。

ウォールトン・ハミルトンの言う資格要件は、次のとおりである。

第1に、経済理論は経済科学（economic science）を統合しなければならない。すなわち、現在の経済学における領域の拡大は「貨幣、租税、そして運輸と関わるような価値論から販売術、保険、そして広告までに至っている。」[8] このような経済学の領域の拡大とそれに伴う各専門分野の間の孤立化と非統一化を防止し、統合することが必要である。

第2に、経済理論はコントロールという現代的な問題と関連を持たなければならない。すなわち、経済理論は市場の構造や取引の性質などの経済的諸側面に変化をもたらすような操作あるいはコントロールと結びつかなければならない。

第3に、経済理論に固有の主題は、制度である。経済理論がコントロールの問題と関連する以上、制度分析は重要なものとなる。すなわち、「ある特定の経済生活面のコントロールは、特定の制度の知識を必要とする」[9] のである。

第4に、経済理論は進行状態の事象（matter of process）に関心を持つ。すなわち、経済的諸条件が変化しつつある状況において、制度は発展の途上にあるので、経済理論はこの状態に関心を向けることになる。

第5に、経済理論は人間行動に関する適切な理論に基礎づけられなければならない。すなわち、人間の経済活動を根源的に規定する本能や衝動、その他の人間性の質的側面の解明によって、経済理論は有効かつ妥当なものとなる。

ウォールトン・ハミルトンによれば、経済理論とは新しい人間行動の理論として、またプロセス・進化（発展）を重視した制度論として、さらにはコントロールと関連する応用科学として意味を持ち、その経済理論こそが「制度経済学」である。

「諸問題の変化とコントロールに対する一般的な要素が，制度経済学を妥当なものにした。このような変化は，一部にはかつて表面上は意識的であった活動が無意識的に作用する伝統や思考習慣によってコントロールされているという認識に，さらには自由放任がわれわれに残した苦い経験に負っている。しかし，どのように事態が変化しようとも，経済学がコントロールの問題と密接に関連を持つようにという要求は存在する。」[10]

このようにコントロールと結びついた「制度経済学」は，制度が変化し得る社会装置であり，意識的に見えた人間行動が無意識的な伝統や思考習慣，すなわち制度によって制約を受けていることへの認識を強調する。そして，人間行動を無意識的に制約している制度の変革，すなわち，意識的な統制の必要性を「制度経済学」は強調する。このような「制度経済学」の展開は，すでにヴェブレンやウェズレー・C・ミッチェル（Wesley C. Mitchell）によってなされてきたとウォールトン・ハミルトンは指摘している[11]。

こうして「制度経済学」あるいは「制度主義」の名称は，ヴェブレンやミッチェルなどの一群の経済学者たちを指す言葉として定着したのである。

このウォールトン・ハミルトンによる「制度経済学」の命名と使用により，それ以降の経済学の世界では「制度経済学」は自由競争市場の伸縮的な価格調整機能（市場機構）をその主要理論とする古典学派や新古典派・主流派経済学（neoclassical-mainstream economics）とは明確に区別された経済学として位置づけられるとともに，「制度経済学」の名称はまさにこのウォールトン・ハミルトンの意味を有する経済学だけを示す言葉として定着してきた。

第1章　制度経済学の構想

第2節　制度経済学の基礎概念

　制度経済学において用いられる基礎的概念は，独自の意味を有している。ここでは，それらを詳しく見ていく。

(1) 制　　　度

　制度経済学の重要な概念の1つに，制度（institution）がある。ヴェブレンは「制度とは，実質的にいえば，個人や社会の特定の関係や特定の機能に関する広く行きわたった思考習慣なので」[12]あり，長年いく世代にもわたって受け継がれてきた社会習慣，しきたり，社会規範，価値観などが含まれる。またコモンズにとって，制度とは「個人行動をコントロールする集団行動」[13]であり，ゴーイング・コンサーンの運営に関わるものである。

　すなわち，制度とはある一定の時空間において，ある社会を構成する人々によって共通に認識され，共有されているものの考え方とその表現形態であり，憲法や法律や条例などの明文化された公式なものから，慣例，慣習，しきたりや式典などの明文化されないものまでを含んでいるものといえる。制度経済学はこれらの制度と経済活動との関連性をその対象としている。

(2) 社　　　会

　制度経済学において，人間によって構成される社会はさまざまな階層や階級から構成される人間社会であり，それぞれが相互に依存し影響し合う関係から成り立っている社会である。その意味で，制度経済学の社会観は，重層化した社会（stratified society）である[14]。男性と女性，高所得者と低所得者，サラリーマンと主婦，上流階級と労働階級など，その構成は多種多様である。

　なぜなら，それは，制度経済学が対象とする社会は一元的ではなく，その社会を構成する人間（経済的な役割を担う人間）は変化するからである。その意味で，生産者と消費者によって構成される新古典派・主流派経済学の市場社会観とは明らかに異なっている。

(3) 人　　間

　制度経済学独自の社会観は，当然その社会を構成する人間についても新古典派・主流派経済学の人間観（経済人）とは異なる人間観を導き出す。自らの利益（効用）を最大限にするために合理的な行動をとる経済人（ホモ・エコノミカス）とは異なり，制度経済学では人間はその人間が存在する社会の制度によって影響を受けるとともに，その社会が培ってきた文化によってもたらされたものとして人間が存在する。その意味で，制度経済学における人間は，文化の産物（product of culture）であり[15]，制度的な人間（institutional man）[16]である。

(4) 権　　力

　制度経済学が社会を重層化した社会として捉える理由には，権力（power）が関係している。なぜなら，人間がその社会の中でどの地位や身分にいるかによって，権力の行使が大きく異なるからである。すなわち，社会における地位や身分は常に権力と結びついているからである[17]。

　制度経済学は，地位や身分と一体化した権力がどのように行使されるのかによって経済や社会の現状とそのあり方に大きく関わる，と考える。その意味で，市場支配力や影響力といった言葉は，権力と同義語である。

(5) 手段的価値

　制度経済学は，「アメリカ独自の哲学」として知られるプラグマティズム哲学のジョン・デューイ（John Dewey）の影響を受けている。すなわち，プラグマティズム哲学において価値あるものとは，道具として役立つものであり，この価値論が手段的価値論（instrumental value theory）であり，制度経済学が受け継いだものである。この点について，ウィリアム・M・ダッガー（William M. Dugger）は次のように述べている。

　　「道具主義はジョン・デューイを通じてわれわれのところにきた。制度主義者の運動の中で最も影響を受けた道具主義者は，クラレンス・E・エ

アーズ（Clarence E. Ayres），J・ファグ・フォスター（J. Fagg Foster），そしてマーク・R・トゥール（Marc R. Tool）であった。……これらの制度主義者たちは，経済を，諸問題の１つの帰結として，また問題の解決として，また新たな諸問題として，すなわち決して終わりのないプロセスの中で，認識したのである。……プラグマティックな，または道具主義的な真実とは，見つけだされたなにものかではない。それは，かつて一度も，そしていつもは発見されないものである。それは，民主主義的な参加プロセスである。その真実とは，行動の中で見出されるものである。」[18]

効率性とは手段として有用性を持つものに対する評価であり，科学や技術の発展は手段的価値を高めるものであり，制度経済学によって評価されることになる。

ヴェブレンやエアーズによって展開された制度と技術の二分法（dichotomy）は，この手段的価値論に立つ事例と見ることができる。

第３節　制度経済学の方法

制度経済学が独自性を有する経済学であるといえるのには，理論上の独自性だけではなく，それを生み出す研究方法にも特有なものがある。

それは，次のようなものである。

(1) 方法論としての全体論

制度経済学特有の方法論として，「全体論」（holism）がある。制度経済学者は，経済と経済を取り巻く政治や社会や文化などの諸要素との関連性あるいは相互依存性を重視する。換言すれば，経済活動を人間行動全般の一部として捉え，経済活動とその他の社会・文化活動などの相互関係に着目する。また，経済システムは個々の部分からなる単なる集合体として見るのではなく，あらかじめまとまりをもった統一体として捉えようとする。このような観点は，制度

経済学が経済学以外の社会諸科学との連携を指向する学際的な研究の実現を目指す。制度経済学は，経済事象の因果分析において経済的要素だけでなく社会諸要素にその原因を求める。その意味で，制度経済学は新古典派・主流派経済学の研究手法とは明らかに異なる研究手法を採用する。

　この点を強調する意味で，アラン・G・グルーチー（Allan G. Gruchy）は制度経済学を「全体論的経済学」（Holistic Economics）と呼んでいる[19]。

　グルーチーが制度経済学に対して「全体論」という言葉を用いたのは，ヴェブレンと彼の業績を連想させる「制度的」（institutional）という用語に対抗するためではなく，ヴェブレン以後の制度経済学者によって使用された記述的な用語が一般化しなかったからである[20]。

　グルーチーは制度経済学に対して「全体論的経済学」という名称を与えたわけであるが，彼はこの点を次のように説明している。

　　「〔制度〕経済学者たちの業績がこの研究における関心の中心なのであるが，その経済学者たちによって使用されてきた記述的な用語は一般に受け入れられることはなかったので，この研究においては，彼らの経済思想を記述するのに，『全体論的』（holistic）という用語が採用された。この用語は，南アフリカの著名な学者であり，また政治家でもあるジャン・クリスチャン・スマッツ（Jan Christian Smuts）によって『全体』（whole）を意味するギリシャ語の *holos* から造り出された。スマッツはチャールズ・ダーウィン（Charles Darwin）の生物進化の研究（1859年），アントン・ヘンリ・ベックレル（Antoine Henri Becquerel）の放射能の研究（1895年），そしてアルベルト・アインシュタイン（Albert Einstein）の相対性理論の研究（1915年）から生じたところのその種の科学的思考を記述するために，その用語を使用しこの型の科学思想は，機械的あるいは静態的というより，むしろ進化論的あるいは動態的ということが強調される。それは，前ダーウィン主義的（pre-Darwinian）世界を支配した型の思考，すなわち，19世紀の古典派経済思想の知的基盤を提供した思考とは正反対のものである。ス

マッツが『全体論的』として記述するダーウィン以後の型（post-Darwinian type）の経済思想は，自然界を進化している動態的な全体あるいは統一体として受け取る。それは，諸部分の総和以上のものであるだけでなく，諸部分の機能がそれらの相互関係によって条件付けられるように，諸部分を関連づけている。」[21]

(2) 変化に対する進化論的見方

制度経済学は，経済変化について進化論的（evolutionary）な見方を採用する。制度経済学特有な見方として，この進化論的な見方を強調したのは，デイビット・ハミルトン（David Hamilton）である。デイビット・ハミルトンは「変化の概念」（concept of change）を基準にして，制度経済学を「ダーウィン主義的」（Darwinian）であり，古典派経済学を「ニュートン主義的」（Newtonian）であると規定する[22]。デイビット・ハミルトンの言うところの古典派経済学者とは「アダム・スミスからジョン・メイナード・ケインズにいたる経済思想の主潮流に属するすべての人たちのことである。」[23]

他方，制度経済学者とは「ヴェブレンによって，またヴェブレンの見地や彼の主要前提に固執してきたアメリカの経済学者たち」[24] を指す。すなわち，ヴェブレン，ウォールトン・ハミルトン，モーリス・A・コープランド（Morris A. Copeland），ジョン・モーリス・クラーク（John M. Clark），ウィラード・E・アトキンス（Willard E. Atkins），クラレンス・E・エアーズ（Clarence E. Ayres），ジョン・ギャムズ（John Gambs），グルーチー，そしてコモンズなどの制度経済学者たちは「変化の概念」を制度経済学の重要な識別指標であると考えている，とデイビット・ハミルトンは見ている。「変化」以外の点で，制度経済学者たちの見解の一致が見られないということは，古典派経済学と制度経済学の違いを解明する場合の「鍵」として「変化」が重要になる[25]。

前述したように，デイビット・ハミルトンは，古典派経済学の「変化の概念」を「ニュートン主義的」であると規定している。デイビット・ハミルトンによれば，18世紀はアイザック・ニュートン（Isaac Newton）によって完全に

支配されたのである。

> 「ニュートンは，力学の見地から天体界の運動を説明しようと努め，その概説を行った。引力と力学に関する彼の法則は，反復的で機械的な運動の説明を提供した。物理学の領域を支配している，いわゆる自然法則は，反復的で機械的な運動を説明するための道具であった。」[26]

このようなニュートンの力学的思考法は，古典派経済学者たちをも支配した。古典派経済理論において，市場価格は自然価格の周りに「自然に引き寄せられるもの」として考えられた。このような市場価格に見られる古典派経済学の「変化の概念」は，デイビット・ハミルトンによって次のような説明がなされている。

> 「(古典派経済学者は，)変化を不連続的なものとつねに見てきたし，また変化を均衡あるいは静止状態の回復であると考えてきた。変化の原因は経済とは無関係なのである。変化は，体制の外部からの撹乱的要素に起因する。これらの諸要因に起因する撹乱に応じて，新しい調整がなされなければならない。」[27]

したがって，古典派経済学は

> 「経済的および社会的変化に関してニュートンの概念に固執していること，またこの概念が古典派の学説体系の隅々まで枝を張っているということ，人間性・社会組織・進歩に関する古典派の諸概念すべてが，ニュートンの変化の概念を反映しているということ」[28]である。

これに対して，制度経済学の「変化の概念」は「ダーウィン主義的」であるとデイビット・ハミルトンは指摘する。ニュートンの学説が18世紀の社会思想

第 1 章　制度経済学の構想

を席巻したように，19世紀後半以降の社会思想を彩ったのはダーウィン学説であった[29]。

　チャールズ・ダーウィン（Charles Darwin）の生物進化の学説は，ハーバート・スペンサー（Harbert Spencer）とウィリアム・G・サムナー（William Graham Sumner）によって「自然淘汰」と「適者生存」の概念を強調する「社会ダーウィン主義」として一般に流布され，19世紀後半以降の社会思想，特にアメリカの社会思想に大きな影響力を持ち，それは制度経済学成立の背景となった。

　ところで，デイビット・ハミルトンによれば，進化論的な見方において重要なのは「社会ダーウィン主義」が強調した「自然淘汰」や「適者生存」による進化の側面ではなく，「変化」を「累積的成長の無目的論的過程」として捉え，「そこには，事物がそれに向かって達成される，なんらの正当かつ完全な目的も存在しない」[30] という認識である。

　このような「ダーウィン主義的」思考の所産である制度経済学の「変化の概念」は，次のようなものである。

　　「（制度経済学者は，）新しい静止点への運動を周期的に呼び起こす固定した体制として経済を見るのではなくて，……経済がつねに累積的変化の過程を経ており，また経済学の研究はその過程の研究である，と考える。」[31]

　制度経済学の理論には「変化が機械的でなくて発展的である，累積的で持続的な進化というダーウィンの概念」が具体化されている。そして，その概念は「人間性・社会組織・進歩を進化論的変化のパターンの一部としてとらえる[32]」という制度経済学者たちの認識を特徴づけている。

　こうして，デイビット・ハミルトンによって制度経済学は「進化経済学（または進化論的経済学）」（Evolutionary Economics）の名称が付与された。

　もちろん，この「進化経済学」の名称は，制度経済学の創始者ヴェブレンによってすでに使用されているのである[33]。

(3) 規範的方法

　制度経済学は，その研究方法として規範的方法（normative method）を採用する。制度経済学者は，経済の現状や動きに関する客観的で経験的な事実やデータを類型化した形で分析し，経済事象の原因と結果の関係を分析する（因果分析）。しかし，彼らの理論分析はこれだけにとどまらない。

　制度経済学はどのような経済状態が望ましい経済状態（経済的理想）であるのか，またその望ましい経済状態を達成するためにどのような手段が必要なのか，などに関わっている。それは制度経済学の研究それ自体が，ある望ましい経済状態を求めて行われる研究であり，その研究成果はおのずとある一定の目指すべき目標となる経済状態（理想状態）を明確に，あるいは暗黙的に示すことになる。それは同時に，その目標達成のための手段をも導き出すことになる。

　グンナー・ミュルダール（Gunnar Myrdal）に見られるように，制度経済学者は，経済学研究は経済状態が「望ましい」あるいは「好ましい」（またはその逆）といった「価値判断」（value judgment）からは逃れられない，という立場に立つ[34]。制度経済学者にとって，経済学者が経済学を志すこと，あるいは経済学的な研究を進めることそれ自体が価値判断の現れであると見る。そこで，重要なことは，どのような価値基準のもとに価値判断を行ったのかを，明示することである。この価値基準および価値判断が表明されない経済学研究は，現実の理解を誤らせ，誤った政策的帰結をもたらすと考えられる。このような偏向に陥らないためにも，価値基準と価値判断の明示化は制度経済学にとって重要な方法である。

　制度経済学が常に理想とする経済状態を視野に入れながら理論を展開することと制度経済学的な理論分析が政策論の要素を有しているのは，このためである。

(4) 二　分　法

　制度経済学は，経済事象を２つの側面から分けて見る二分法（dichotomy）を採用する。それは，ヴェブレンによって明確に示された分析手法であり，多く

の制度経済学者に見られる方法である[35]。

　例えば、ヴェブレンは資本主義分析の中でその制度的な特徴を企業（business）と産業（industry）の2つの側面から論じるとともに、これらを推進する本能として、前者には他人の持っているものを奪うことに喜びを感じる略奪本能、後者にはよりよいものを作ることに喜びを感じ人間の福祉に貢献する製作本能をそれぞれ見出している。また、エアーズは人間の行動を伝統や宗教、そして神話などに依拠した儀式的行動（ceremonial behavior）と道具の使用による発明や発見に依拠した技術的行動（technological behavior）とに分類し、この点から制度の変化と調整の過程を解明する。さらに、ジョン・K・ガルブレイス（John K. Galbraith）は、現代資本主義システムを巨大法人企業（計画化システム）と中小企業（市場システム）の二重構造経済として捉え、その構造的問題を解明する。

　このような制度経済学における二分法の採用は、制度経済学の理論内容やその論理展開に独自性を生み出す要因となっているといえる。

　このような観点は、制度経済学が経済学以外の社会諸科学との連携を指向する学際的な研究の実現や経済事象の因果分析において社会諸要素にもその原因を求めるという、新古典派・主流派経済学の手法とは明らかに異なる独自性を示すものとなっている。

（注）
1）Hamilton, Walton H. (1919), "The Institutional Approach to Economic Theory", *The American Economic Review*, Vol. 9, No. 1, March.
2）Hamilton, Walton H. (1916), "The Development of Hoxie's Economics", *The Journal of Political Economy*, Vol. 24.
3）この見解は、ジョセフ・ドーフマンの次の文献に負っている。Dorfman, Joseph (1959), *The Economic Mind in American Civilization*, Augustus M. Kelley, Vol. 4, p. 353.
4）Hamilton, W., 前掲書（1919）pp. 309–310.
5）Hamilton, W., 同上書 p. 311.
6）Hamilton, W., 同上書 p. 311.
7）Hamilton, W., 同上書 pp. 311–317. なお、ハミルトンの真意を正確に伝えるた

めに，原語の control を日本語の「統制」ではなく，あえて「コントロール」とカタカナで表記する。
8) Hamilton, W., 同上書 p. 312.
9) Hamilton, W., 同上書 p. 313.
10) Hamilton, W., 同上書 p. 313.
11) この他に，ハミルトンはロバート・F・ホクシー（Robert F. Hoxie）を制度経済学者として扱っている。
12) Veblen, Thorstein (1889), *The Theory of the Leisure Class : An Economic Study of the Evolution of Institutions*, Augustus M. Kelley, 1975. 高哲男訳（1998）『有閑階級の理論』筑摩書房, p. 214.
13) Commons, John R. (1931), "Institutional Economics", *The American Economic Review*, Vol. 21, No. 4, December., p. 648.
14) Dugger, William M. (1989), ed., *Radical Institutionalism : Contemporary Voices*, Greenwood Press., p. 8.
15) Mayhew, Anne (1989), "Contrasting Origins of the Two Institutionalism : the Social Science Context", *The Review of Political Economy*, Vol. 1, No. 3.
16) Kapp, K. William (1975), *Environmental Disruption and Social Costs*. 柴田徳衛・鈴木正俊訳（1975）『環境破壊と社会的費用』岩波書店, 1981, p. 24.
17) Dugger, 前掲書および Galbraith, John K. (1983), *The Anatomy of Power*, Houghton Mifflin Co. 山本七平訳（1984）『権力の解剖』日本経済新聞社は，社会構造と権力に関して詳しい議論を展開している。
18) Dugger, 同上書 pp. 14 - 15.
19) Gruchy, Allan G. (1947), *Modern Economic Thought : The American Contribution*, Augustus M. Kelley, 1967. また，Adams, John ed. (1980), *Institutional Economics : Essays in Honor of Allan G. Gruchy*, Martinus Nijhoff Publishing では，グルーチーの「全体論的経済学」の見解に沿った議論が展開されている。
20) Gruchy, 同上書 p.viii.
21) Gruchy, 同上書 p. 4.
22) Hamilton, David (1970), *Evolutionary Economics : A Study of Change in Economic Thought*, University of New Mexico Press. 佐々木晃監訳（1985）『進化論的経済学』多賀出版, において，デイビット・ハミルトンは一貫してこの2分類による経済学区分を展開している。
23) Hamilton, D., 同上書 p. 7.
24) Hamilton, D., 同上書 p. 8.
25) Hamilton, D., 同上書 pp. 11 - 21.
26) Hamilton, D., 同上書 p. 163.
27) Hamilton, D., 同上書 pp. 22 - 23. 文中の（ ）は筆者による。
28) Hamilton, D., 同上書 p. 6.

29) Hamilton, D., 同上書 pp. 36-40.
30) Hamilton, D., 同上書 p. 40.
31) Hamilton, D., 同上書 p. 23. 文中の（　）は，筆者による。
32) Hamilton, D., 同上書 p. 6.
33) Veblen, Thorstein (1898), "Why is Economics not an Evolutionary Science？", *The Quarterly Journal of Economics*, Vol. 12, July.
34) この議論は，Myrdal, Gunnar (1972), *Against the Stream*, Random House. 加藤寛・丸尾直美他訳（1975）『反主流の経済学』ダイヤモンド社，の中で展開されている。
35) Tool, Marc R., and Bush, Paul D., eds. (2003), *Institutional Analysis and Economic Policy*, Kluwer Academic Publishers. の第1章では，制度経済学の理論と政策論との関連性から解説されている。

【その他参考文献】
〔1〕 Ayres, Clarence E. (1944), *The Theory of Economic Progress*, New Issues Press, third edition, 1978. 一泉知永訳（1966）『経済進歩の理論』文雅堂銀行研究社
〔2〕 Chavance, Bernard (2009), *Institutional Economics*, Routledge.
〔3〕 Dugger, William M. (1992), *Underground Economics：A Decade of Institutionalist Dissent*, M. E. Sharpe.
〔4〕 Dugger, William M. and Waller, Jr., William T (1992)., eds., *The Stratified State：Radical Institutionalist Theories of Participation and Duality*, M. E. Sharpe.
〔5〕 Gruchy, Allan G. (1972), *Contemporary Economic Thought：The Contribution of Neo-Institutional Economics*, Augustus M. Kelley, 1974.
〔6〕 Gruchy, Allan G. (1978), "Institutional Economics：Its Influence and Prospects", *The American Journal of Economics and Sociology*, Vol. 37, No. 3, July.
〔7〕 Gruchy, Allan G. (1990), "Three Different Approaches to Institutional Economics：An Evolution", *The Journal of Economic Issues*, Vol. 24, No. 2, June.
〔8〕 Hamilton, Walton H. (1974), *Industrial Policy and Institutionalism：Selected Essays*, Augustus M. Kelley.
〔9〕 O'Hara, Phillip A., ed. (1999), *Encyclopedia of Political Economy*, Vols. 2, Routledge.
〔10〕 Tool, Marc R., ed. (1984), *An Institutionalist Guide to Economics and Public Policy*, M. E. Sharpe.
〔11〕 Tool, Marc R., ed. (1988), *Evolutionary Economics I：Foundations of Institutional Thought*, M. E. Sharpe.
〔12〕 Tool, Marc R., ed. (1988), *Evolutionary Economics II：Institutional Theory*

　　　 and Policy, M. E. Sharpe.
〔13〕　Tool, Marc R. (1995), *Pricing, Valuation and Systems : Essays in Neoinstitutional Economics*, Edward Elgar.
〔14〕　赤澤昭三・関谷登・太田正行・高橋真（1998）『制度経済学の基礎』八千代出版
〔15〕　赤澤昭三・関谷登・太田正行・高橋真（2002）『制度の進化と選択』八千代出版
〔16〕　宮澤健一（1988）『制度と情報の経済学』有斐閣
〔17〕　佐々木晃編著（1991）『制度派経済学』ミネルヴァ書房
〔18〕　佐々野謙治（2003）『ヴェブレンと制度派経済学－制度派経済学の復権を求めて－』ナカニシヤ出版

第2章

制度経済学の史的展開

【本章の構成】
第1節　制度経済学の時代区分
第2節　制度経済学成立の背景
第3節　旧制度主義
第4節　ネオ制度主義の主流派経済学批判
第5節　組織的活動としてのAFEEとAFIT
第6節　ラディカル制度主義

第1節　制度経済学の時代区分

　制度経済学（Institutional Economics）は，19世紀後半に成立したアメリカ独自の「制度の経済学」として，経済学史上一定の地位を確立し評価を得ている。
　制度経済学は，創始者ソースティン・ヴェブレン（Thorstein Veblen）に始まり，ジョン・R・コモンズ（John R. Commons）やウェズレー・C・ミッチェル（Wesley C. Mitchell）によって確立し，その後ジョン・K・ガルブレイス（John K. Galbraith）やクラレンス・E・エアーズ（Clarence E. Ayres）といった戦後世代の制度経済学者を経て現在に至っている。
　制度経済学の発展過程の時代区分については，アラン・G・グルーチー（Allan G. Gruchy）の見解がある[1]。ここでは，グルーチーの時代区分を参考にして，19世紀後半から20世紀初頭にかけて活躍した制度経済学の創始者ヴェブレンからミッチェルなどの第2次世界大戦以前の世代を「旧制度主義」（Old-Institutionalism）として扱う。
　他方，第2次世界大戦以後に活躍したガルブレイスやエアーズなどの戦後

世代の制度経済学者たちを「ネオ制度主義」(Neo-Institutionalism)として扱う。また，第2次世界大戦以後の制度経済学の展開の中で，学会組織の成立や旧制度主義の復権を目指す動きなどが見られた。この点も詳しく見ていく。

ここで示した制度経済学の時代区分とそれに該当する制度経済学者を【図表2－1】に示してある。また，学会組織とそこで主導的な関わりを持っている制度経済学者はその枠内に示してある。

【図表2－1】 制度経済学の時代区分

《旧制度主義　Old-Institutionalism》
－19世紀末から20世紀前半－

ソースティン・ヴェブレン　　ジョン・R・コモンズ
ウェズレー・C・ミッチェル

《ネオ制度主義　Neo-Institutionalism》
－第2次世界大戦後－

ジョン・K・ガルブレイス　　グンナー・ミュルダール
クラレンス・E・エアーズ　　K・ウィリアム・カップ

進化経済学会（AFEE）
（1965年設立）
クラレンス・エアーズ（初代会長）
アラン・G・グルーチー
ジョン・ギャムズ
ウェンデル・ゴードン
モーリス・コープランド
ウォーレン・J・サミュエルズ
ジョン・アダムス
フィリップ・クライン
F・グレゴリー・ヘイドゥン

制度主義思想学会（AFIT）
（1979年設立）
マーク・トゥール（初代会長）
ポール・ブッシュ
ファグ・J・フォスター
ルイス・ジャンカー
デイビット・ハミルトン
ハリー・M・トレビング
リック・ティルマン

ラディカル制度主義　Radical Institutionalism
ジェームス・R・スタンフィールド　　ロン・フィリップス
ウィリアム・M・ダッガー　　ウィリアム・T・ウォラー，Jr.
ダグラス・ブラウン

第2節　制度経済学成立の背景

　制度経済学の成立は，19世紀アメリカの社会経済状況を背景にしている。当時のアメリカは，巨大企業が形成されるとともに市場における独占化傾向を強めつつあった時代であった。またアメリカ経済が急速な成長と繁栄を遂げた時代でもあった。

　1861年から1865年までの南北戦争を経て，アメリカ経済は再建への道を歩み始めた。南北戦争によって中断されていた鉄道建設が再開され，1869年には大陸横断鉄道が完成した。この大陸横断鉄道の完成を契機にして，各地の鉄道網が整備され，アメリカの工業化と市場の拡大は急速に進展した。

　1870年代からアメリカ経済は鉄道部門を中心に独占化傾向が顕著になり，1882年にはロックフェラーがトラストの先駆としてスタンダード石油を創立した。1890年には「シャーマン反トラスト法」が制定されたが，独占化傾向は衰えを見せなかった。スタンダード石油，USスティール，アメリカ砂糖会社などは持株会社の形態をとることによって独占的支配を強めていった[2]。

　このような産業の発展と独占化傾向が進む中にあって，最低所得層の生活水準の向上は国民所得の増加と歩調を合わせることはなく，また大多数の賃金労働者の生活水準は一向に改善されなかった。労働時間は長時間に及び，住宅不足も深刻であった。また病気や失業時の生活の保障は全くなく，教育の機会も大部分の労働者の子どもにとってはないに等しい状態であった。さらに，ヨーロッパからの大量の移民は賃金を低い水準に抑える結果となり，循環的な不況は失業者を荒廃させることになった。

　また，保守的な意見は知識人や政治家に根強く，自由放任主義を公然と宣言する州政府および連邦政府は，労働紛争の際には労働者に対して警察力および軍隊の力を利用し，労働者への関心は示されなかった[3]。

　さらに，当時の社会思想はこのような政治的・経済的状況を是認し，正当化するものであった。ハーバート・スペンサー（Harbert Spencer）はダーウィンの生物進化の思想を人間社会に適用し，「適者生存」と「自然淘汰」の概念

を持って「社会ダーウィン主義」(Social Darwinism) の思想を打ち立てた。スペンサーの「社会ダーウィン主義」の思想は，ウィリアム・G・サムナー (William G. Sumner) の手によって，いっそう強い影響力を持つようになった。

「社会ダーウィン主義」の思想によれば，金持ちは「自然淘汰」の産物である。金持ちが現在の地位にいるのは，自然の，あるいは生来の適応能力の必然的な帰結なのである。金持ち自身が自ら優れていることの恩恵として富を手に入れることは当然のことである。そして，いかなるものも（たとえ政府であっても）富に対して干渉してはならないのである。なぜなら，このような干渉は，人類の改善の過程を妨害するものだからである。さらに，貧困者に対する政府の援助も同じ理由によって斥けられた[4]。

このような「社会ダーウィン主義」の思想は，当時のアメリカ自由主義経済思想をも弁護するものであった。ガルブレイスは，当時の社会と思想的状況を次のように述べている。

「生存競争は貧乏人の背を打つ鞭であり，彼らの生来の怠け癖に抗して，よく働くようにさせるのである。……また，金持に蓄財が許される結果は，共通の利益のために金持をさらによく働かせることになる。貧乏人と金持が力をあわせた努力によって，生産と富が生まれ，それによって，今度はそれがない場合よりも多くの人が生き残れるようになったというのである。」[5]

「当時はまた貧困と堕落が拡がった時代であった。この富の縁の下の力持ちだった労働者たちはきたならしい貧民窟に住んでいた。近くにはたくさんの乞食がいた。富は他人の犠牲なしにえられたものではなかった。そのためにひどい手段が用いられたこともあったが，それは誰の良心をとがめたわけでもなかった。自然淘汰がおこなわれていたのである。ニューヨークで開かれた成功した人たちの大晩餐会の席上，チョンシー・デピューが満悦して語った言葉を借りると，金持は自らを自らの手腕の産物と考えてよいのだ。また重要なことだが，すぐれた性質を遺伝された彼らの息子た

ちも同様である。遺産はこうして正当化された。なぜなら遺産は生物学的にすぐれた者にのみ恵まれるからである。他方，貧困の問題は解決しうる方法で解決されていたにすぎなかった。すなわち不適者の淘汰である。公的・私的の救済が同情によっておこなわれたとすればずいぶん費用がかかったであろうが，貧民救済はなされなかった。それは冷淡さのためではなく，自然法則に意識的に従ったためである。『適者生存の法則は人が作ったものではない。われわれは人為的な干渉によってのみ不適者生存をつくり出すことができるのだ。』税金と慈善に反対して，結局はおかねを節約する方がずっとましだ。乞食を拒み，『慈善は最悪の行為だといわれているではないか』と正直にいう人にとっては，今日でもスペンサーとサムナーの勇ましい公式が有益である。」[6]

このような状況は，現状に対する不満を持つ人々を生むことになった。経済学の世界においては，アメリカ自由主義思想に対抗する形で，ドイツやオーストリアに留学していた若手の学者たちが「ドイツ社会政策学会」に範をとって，1885年に「アメリカ経済学会」(The American Economic Association) を創設した。リチャード・T・イリー (Richard T. Ely) をはじめ「アメリカ経済学会」の創設者たちの多くはドイツ歴史学派の影響を受けており[7]，彼等との関係を持つ形で，ヴェブレンやコモンズといった制度経済学者たちが登場してきたのである。

当時の状況をジョセフ・ドーフマン (Joseph Dorfman) は次のように記している。

「彼らの思想は，ひとつの運動へと雪だるま式に膨れ上がり，その名称である『制度主義』(institutionalism) は1920年代および1930年代に一般に広まるようになった。しかしながら，そのいくつかの起源は過去にさかのぼる。その運動の『創設の父』(founding father) はソースティン・ヴェブレンであり，彼の後にウェズレー・C・ミッチェルとジョン・R・コモンズがいた。」[8]

なお，【図表２−２】は，以下で詳述する内容の理解を容易にするために，旧制度主義者の活動とその時代背景を示したものである。

【図表２−２】 旧制度主義者の活動とその時代背景

年号	歴史的出来事	制度派経済学者
1857年		ヴェブレン（1857−1929）誕生
1861年	南北戦争（～1865年）	
1862年		コモンズ（1862−1945）誕生
1869年	大陸横断鉄道完成	
1870年代	アメリカ経済の独占化傾向	
1874年		ミッチェル（1874−1948）誕生
1882年	スタンダード石油設立	
1885年		アメリカ経済学会設立
1890年	シャーマン反トラスト法	
1892年		ミッチェル シカゴ大学入学（ヴェブレンの指導を受ける）
1899年		ヴェブレン『有閑階級の理論』出版
1904年		ヴェブレン『企業の理論』出版，コモンズ ウィスコンシン州経済顧問就任
1913年		ミッチェル『景気循環』出版
1914年		ヴェブレン『製作本能論』出版
1917年		コモンズ アメリカ経済学会会長就任
1918年		ウォールトン・ハミルトン「経済理論への制度的アプローチ」発表
1920年		コモンズとミッチェル 全米経済研究所（NBER）設立
1924年		ミッチェル アメリカ経済学会会長就任，コモンズ『資本主義の法律的基礎』出版
1927年		ミッチェル『景気循環−その問題と設定−』出版
1929年	大恐慌	
1932年	ウィスコンシン州失業保険法	
1933年	ルーズベルト大統領就任	
1934年		コモンズ『制度経済学』出版
1935年	連邦社会保障法	
1936年	ケインズ『一般理論』出版	

第3節　旧制度主義

　ここでは，制度経済学の創始者であるヴェブレン，コモンズ，そしてミッチェルの旧制度主義者の理論内容を見ていく。周知のように，制度経済学は，古典派経済学および新古典派経済学に対する批判を展開する。その意味で，制度経済学は「批判経済学」の性格を有しているといえる。

　そこには，古典派経済学および新古典派経済学に見られる個人の自由な経済活動を前提として成立する自由競争市場に基づく理論とは異なる独自の経済理論が展開されている。

(1)　ソースティン・B・ヴェブレン（Thorstein Bunde Veblen, 1857－1929）

　ヴェブレンは，「社会構造の進化は，諸制度の自然淘汰の過程であった」とし，チャールズ・ダーウィン（Charles Darwin）の進化思想にたって経済学（近代科学）を再構築しようとした。ヴェブレンは経済の変化を累積的で連続的な変化の過程として捉えるだけでなく，その変化が無目的的であることを強調した。さらに，ヴェブレンは人間行動を規定するものとして，本能（instinct）と制度（institution）を強調した。

> 「制度とは，実質的にいえば，個人や社会の特定の関係や特定の機能に関する広く行きわたった思考習慣なのである。……制度は過去のプロセスの産物であり，過去の環境に適応したものであり，それゆえ，決して現在が要求しているものに完全に一致することはない。」[9]

　ヴェブレンによれば，制度は2つに分類できる。1つは略奪の制度であり，もう1つは生産の制度である。そして，前者は「企業」（business）に関連し，後者は「産業」（industry）に関連する。またこの2つの制度は2つの本能概念と結びつく。「製作本能」は社会全体の福祉の増進に役立つものであり，浪費

や無駄を嫌い，生産の効率化を指向する本能であり，その反映が「産業」である。これに対して，「略奪本能」は直接的には社会全体の福祉の向上に役立つことはなく，獲得や見栄などを指向する野蛮な本能であり，その反映が「企業」である。

ヴェブレンの資本主義観は，この「企業」による「産業」の支配体制と位置づけられる。そこでは，「産業」と「企業」との対立が顕在化しており，「産業」の担い手である技術者と「企業」の担い手である企業家との対立は避けられないものとヴェブレンは考えた。そしてヴェブレンは，技術者による社会革命を経て，社会主義体制への移行を期待するに至る[10]。

ところで，このようなヴェブレンの議論は，その後の経済政策プロセスや政策運営にどのように関わっていただろうか。実際に，その内容を明確な形で述べることはできないが，ドーフマンによれば，ヴェブレンの『企業の理論』(*The Theory of Business Industry*) や『不在者所有』(*Absentee Ownership*) は，1933年の有価証券法 (Securities Exchange Act) や1934年の証券取引法 (Securities Act) や1935年の公益事業持株会社法 (Public Utility Holding Company Act)，そして1940年の投資会社法 (Investment Company Act) に影響を与えている。さらにドーフマンは，ヴェブレンの影響について次のように述べている。

「主要な政治家によるヴェブレンの概念の使用についての興味深い実例は，1965年に偉大な社会 (Great Society) の提案に関連して，ジョンソン大統領が議会に対して述べたメッセージのいくつかに見出される。」[11]

(2) ジョン・R・コモンズ (John Rogers Commons, 1862－1945)

コモンズは，アメリカにおけるドイツ歴史学派の経済学者で，アメリカ経済学会創設者のひとりイリーの影響を強く受けている。彼の活動は経済学研究にとどまらず，実践的な社会改革に向けられた。

特に，後述するように，ニュー・ディール期の社会改革はコモンズと彼の弟子たちの立案によるところが大きい。

コモンズは，制度を「個人行動を統制する集団行動」あるいは「個人行動を統制し，解放し，拡大する集団行動」として捉えた[12]。コモンズは経済学研究の究極単位を取引(transaction)に求めた。コモンズによれば，取引とは「引き渡し」というような物理的な意味での商品の交換ではなく，「社会の集団的行為準則によって決定されるような，物理的事物の未来の『所有権』の諸個人間における譲渡と獲得のこと」[13]である。

コモンズは所有権の移転として規定された取引を3つのタイプに分類している。第1の取引は「売買取引」(bargaining transaction)である。この「売買取引」は，法制度上平等な諸個人間の自発的な合意によって富の所有権を移転することであり，有形資産や無形資産の所有権の移転についての市場取引である。第2の取引は「管理取引」(managerial transaction)である。この「管理取引」は，法制度上優位に立つ者の命令に従って，その劣位にある者が富を創造することであり，労働者の採用・解雇・服従に関する取引である。第3の取引は「割当取引」(rationing transaction)である。この「割当取引」は，法制度上優位に立つ者の指令によって富の創造の負担と利益を割り当てることであり，政策決定者による課税などがこれにあたる。

コモンズは，これら3種類の取引を相互依存の関係にあるものと捉え，その総体を「ゴーイング・コンサーン」(going concern)と名づけた。この「ゴーイング・コンサーン」を一定の規則に従って運営していくことが，コモンズの言う制度であった。ここでの一定の規則とは，社会慣習であり広く法体系全般を指すものである。コモンズは最高裁判所の判決をもって，社会慣習の判断基準と見なした。

コモンズは法律の概念を重視している。なぜなら，それは従来の経済学の概念よりも日常的な業務の理解にとってより有用である，というコモンズの判断によっている。コモンズにとって集団行動を扱う経済学は制度経済学であり，また法経済学であった[14]。

ところで，コモンズはこのような経済学研究の傍ら，社会改革運動への参加や社会改革のための実践的活動を積極的に行った。

コモンズは「ウィスコンシン州の社会立法のパイオニア」であり，「アメリカ合衆国における労働経済学の父」としてよく知られている[15]。

1904年にウィスコンシン大学に移ったコモンズは，ウィスコンシン州知事ロバート・ラフォレット（Robert LaFollette）の経済顧問となり，各種の社会立法を立案し，成立させた。

>「コモンズとラフォレットのコンビネーションは，最も有効なチームであり，それは高い理想と実際的な政治的ノウ・ハウとの両方を備えていた。」[16]

コモンズとラフォレットとの協力関係によって成立した社会立法として，1905年の公務員法（civil service law）や都市間鉄道・ガス・水道・電力へと規制範囲を拡大した1907年の公益事業法や1911年の労使関係委員会法や同年の労働者補償法（Workmen's Compensation Act），さらには1932年のアメリカ合衆国初の失業保険法を挙げることができる。また，1935年には連邦社会保障法に加えて多くの社会立法を成立させた。

>「コモンズと彼の教え子は，ニュー・ディール期や第2次世界大戦に続くトルーマン政権の間に制定された社会立法のほとんどの考案に貢献した。」[17]

さらに，コモンズは通貨政策に関しても関与している。1928年カンサス州の下院議員ジェームス・ストロング（James G. Strong）の名前で提出された連邦準備局のアメリカ経済への積極的介入を命じた法案の実質上の作成者はコモンズであった。また，1931年の大恐慌下において雇用の確保と景気回復を刺激するために，コモンズは平価の切り下げを主張した。ドーフマンによれば，ルーズベルト政権下でのはじめの数年間に行われた平価切下げは，コモンズの努力の結果であった[18]。

なお，1917年に，コモンズはアメリカ経済学会会長に就任し，1920年にはミッチェルとともに全米経済研究所（National Bureau of Economic Research）を設立し副所長に就任し，景気変動の労働問題への影響を調査した。このことは，それ以後の国民所得計算およびマクロ経済への対応に大きく貢献することとなった。

(3) ウェズレー・C・ミッチェル（Wesley Clair Mitchell, 1874–1948)

ミッチェルは，ヴェブレンの直系の弟子といわれている。ミッチェルの関心は景気循環に向けられる。ミッチェルは，従来の景気循環学説における統計資料による分析の欠如を批判し，統計資料と歴史資料による景気循環分析の重要性を強調する。

ところで，ミッチェルは景気循環が近代経済システムとしての資本主義経済特有の現象であるという認識から，その制度的構造をいかに理解するかが景気循環分析にとって重要な課題であると考えた。

ミッチェルによれば，近代経済システムの特徴は「金儲け」(making money)であり，資本主義経済の実態は貨幣経済（money economy）である。ヴェブレンによって展開された「産業」と「企業」の二分法は，ミッチェルによって「財生産」(making goods) と「金儲け」として展開される。貨幣経済においては，技術者は社会全体の福祉の向上に貢献する「財生産」の役割を担っているが，より高い権威は「金儲け」の担い手である企業家に与えられている。「財生産」は生産に携わる人間がそれによって金銭の利益を得ると期待される場合にのみ利用される。したがって，貨幣経済では個人の私的利益獲得の機会が多く生じ，富の不平等が生じる。ヴェブレンによる「産業」と「企業」の対立という考え方は，ミッチェルによれば「数量的不均衡の問題」として認識される。ミッチェルは，個人の私的利益獲得によって生じた公的利益の破壊は，政府による社会計画（統制）によって解決されると考えた。すなわち，ミッチェルは政府の管理・統制によって社会的福祉の向上が図られるという，社会改良主義

的立場を明確にした。この点は,「産業」と「企業」の対立の解決を社会革命に求めたヴェブレンとミッチェルとの異なる点である[19]。

前述したように,ミッチェルはコモンズと同様に全米経済研究所（NBER）の設立に関わり,1920年に初代所長に就任しその後約25年にわたって同研究所の指導的役割を果たしてきた。また,ミッチェルは1924年にアメリカ経済学会会長に就任し,さらにアメリカ統計学会会長や計量経済学会会長などの会長職を歴任した。また,景気循環の予測や分析手法,国民所得分析,国民計画と経済指標などの統計用具の基礎は,ミッチェルの貢献によるところが大きい。

ドーフマンによれば,1921年にハーディング大統領の下での「失業に関する会議」の「景気循環と失業小委員会」の設立を希望し,そのメンバーに加わったのがミッチェルであった[20]。また,ミッチェルは1923年に「景気循環と失業」という報告を行い,公式に強制的失業保険を支持した。

「この論文は,1929年にはじまった大不況と戦うための政府の努力を論理的に導き出し,そして1935年の連邦社会保障法に失業保険制度を盛り込むことに貢献した。」[21]

第4節　ネオ制度主義の主流派経済学批判

戦後世代の制度経済学の中でも,とりわけ痛烈な主流派経済学批判を展開したのは,エアーズやガルブレイス,そしてグンナー・ミュルダール（Gunnar Myrdal）などであった。ここでは,彼らの主流派経済学に対する批判内容を詳しく見ることで,主流派経済学の問題点を明らかにする。

(1) クラレンス・E・エアーズによる批判

エアーズは,経済学は研究の一分野であるというだけではなく,それは思考の一方法でもあるという認識を持っていた。そして,その思考方法は社会プロセスの結果である。したがって,社会の発展は新しい思考方法を提供する。し

かし，現実の変化に対して現実理解のための知的準備を怠ることは古い思考方法の残存を容認し，現実の正しい理解を誤らせるだけでなく，新しい思考方法の確立の妨げともなる。現実の変化に対応した，しかも新しい概念や理論の創造が必要であり，その一方で古い思考方法の放棄が求められる。

　このような基本的な考えにたって，エアーズは主流派経済学の批判を行う。エアーズによれば，主流派経済学は古典派的伝統を受け継ぎ，商業から派生した「市場」における財・サービスの交換を中心に価格分析を行ってきた。価格は中世において正義の観念と結びつくことによって「公正価格」(just price)となり，この「公正価格」実現のために競争がその機能を果たすのである。さらに，競争は均衡をもたらし，そこでの均衡は善なるものとして自然秩序の意味を持つことになった。価格は自然に調和的なものと見なされた。

　ところで，時代の変化は経済を商業中心から工業へ，そして脱工業へと向かわせた。こうした時代の経過にもかかわらず，主流派経済学は依然として古い思考方法を保持している。

　　「経済学は，けっして古い誤謬が残存している唯一の科学ではないが，現代科学のなかでは，18世紀（およびそれ以前）の思考習慣が現行の伝統を規定している唯一の科学であるという点で独特なものである。このようなことは，……その伝統が今なお優勢であるところから見ると，なお不十分，いや説得力不十分のようである。私の非難が先輩たちのそれよりも効果的であることをあえて望むものではない。しかし，古典派的伝統が残存する限り，だれもその挑戦を無視することはできない。」[22]

　エアーズによれば，主流派経済学は18世紀の心理学，道徳哲学，神学などの学問全般または思想全般の上に成り立っており，しかも今日までそれらを受け継ぎ，温存しているのである。このような主流派経済学の態度は，当然ながら，エアーズの批判の的となる。エアーズは市場原理と価格分析に基礎づけられる主流派経済学の思考方法を排除する。エアーズは，技術進歩と科学の発展を踏

まえた新たな現実理解のための思考方法の必要性を強調するのである。

エアーズによれば，経済は1つの均衡に向かうことのない累積的な進化のプロセスである。そして，経済は消費者，企業家，労働者といった諸個人の単なる総和ではなく，個人レベルを超えた社会的組織的な文化現象である。エアーズによる主流派経済学批判は，このようなエアーズの基本認識に拠っているのである。

(2) ジョン・K・ガルブレイスによる批判

ガルブレイスは，1972年12月に「権力と有用な経済学者（Power and the Useful Economist）」[23]と題するアメリカ経済学会会長就任講演の中で，次のように主流派経済学批判を展開した。すなわち，ガルブレイスは主流派経済学がその理論の精緻化と抽象化のみに専心し，権力（power）をその経済理論から無視（除外視）することによって，現実認識を誤らせていると批判した。

> 「新古典派，新ケインズ派経済学は，厳密で精妙な精緻化についての無限の機会を提供してはいるが，決定的な欠陥をもっている。それは，いま現代社会を苦しめている経済問題を把握するのに役立つ手だてを一つも提供していないからである。……新古典派および新ケインズ派経済学の最も実害の大きい点は，権力——自分の目的達成のために他人を従わせる個人や機関の能力——をその主題から抹殺している仕組みにある。……決定的な弱点は，新古典派と新ケインズ派が権力の問題を抹消する仮説にあるのではない。……むしろ，権力を抹殺することで——経済学を非政治的主題にすることで——新古典派理論は，経済学と現実世界との関係を断ってしまっているのだ。現実世界で起きている事象にとって，権力は決定的な力をもっている。」[24]

このような批判的態度のもとで，ガルブレイスは「権力」（power）概念を中心にすえた経済システム分析を指向するのである。

(3) G・ミュルダールとK・W・カップによる批判

　ガルブレイスと同様に、大きな影響力を持ったネオ制度主義者として、グンナー・ミュルダールを挙げることができる。周知のように、ミュルダールは、1974年にノーベル経済学賞を受賞している。彼は、低開発国と貧困の問題、アメリカの人種差別問題、環境問題、そして社会科学方法論など幅広いテーマに関して議論を展開した。ミュルダールによれば、主流派経済学は先進国の経済成長には役立ったものの、低開発国における平等問題の解決、先進国の援助のあり方や貧困の解消には役立たないものとなっている。また主流派経済学には偏向が見られるのであり、社会科学的研究は偏向の排除からなされるべきであるとミュルダールは主張する。

　ミュルダールは、経済学研究とはこれまで経済学が「非経済的要素」として分析の外に追いやってきた政治的要素、社会的要素、制度的要素、人間の態度、人間関係などを全て分析の中に含んだ形で行われなければならないとして、学際的あるいは超学際的な研究を指向する。ミュルダールによれば、このような経済学研究こそが、制度学派の経済学（制度経済学）である。

　　「制度学派の方向への経済学の転換は、明らかに、この意味で個別の学問分野を超越した研究を意味している。そのうえ、われわれ経済学者は、マクロ的観点に立ち、国全体や世界全体の計画策定を行なうことを回避しないといういくぶん誇大妄想的傾向を受け継いでいるので、経済学者は進出しようとしている他の学問分野の同僚よりも個別学問領域を超えた研究をやりやすいと私は思う。」[25]

　さらに、環境破壊の問題に関して、主流派経済学への批判を展開するネオ制度主義者K・ウィリアム・カップ（K. William Kapp）は、ミュルダールと同様に、経済学の学際的研究を指向する。

「人間性および人間行動の概念は，人間行動に影響を及ぼす諸要因全体を十分に考慮できるという意味で，『全体論的』な概念でなければならないと思う。単一の決定要因……によって分析をおこなう人間行動理論は，いかなる水準においても，また，人間が消費者，労働者，企業家または社会的，政治的集団の成員として行動するどのような多種多様な条件のもとでも，人間行動の説明にとって十分ではないことがわかるであろう。……実際，社会科学を真に統合しようとすれば，人間性および人間行動の概念を無視することはできないし，いかなる社会分析も，人間および人間の成長に及ぼす所与の社会的諸制度の影響の問題を避けてはならない。」[26)]

ミュルダールとカップは「全体論的」(holistic) アプローチが経済学研究および社会科学的研究において必要であると主張する。この「全体論的」アプローチは単に，経済学（および社会科学）方法論としてだけでなく，認識論としても意味を持つ。この「全体論的」アプローチは，すでに第1章で述べたように，制度経済学の中心的な方法論の1つである。

第5節　組織的活動としてのAFEEとAFIT

　第2次世界大戦後の制度経済学の展開において，ガルブレイスやエアーズらの活躍と同様に，重要な動きとして「進化経済学会」(The Association for Evolutionary Economics, 以下ではAFEEと略記する)と「制度主義思想学会」(The Association for Institutional Thought, 以下ではAFITと略記する)の組織的活動がある。ここでは，「進化経済学会」(AFEE)と「制度主義思想学会」(AFIT)における戦後の制度経済学者たちの活動を確認するとともに，戦後の制度経済学の展開における「進化経済学会」(AFEE)と「制度主義思想学会」(AFIT)の役割と意義を検討する。

第2章 制度経済学の史的展開

(1) 進化経済学会の誕生

　戦後，アメリカ経済学会（American Economic Association：略称ＡＥＡ）において新古典派・主流派経済学者が影響力を強めていく中，グルーチーやエアーズ，そしてジョン・ギャムズ（John Gambs）といった戦後世代の制度経済学者の間で，アメリカ経済学会から独立した制度経済学のための新たな学会設立の話が持ち上がった。新たな学会設立の初めての会合は，グルーチーの招請により1958年にアメリカ経済学会の年次総会が開かれたワシントンD.C.のワードマン・パーク・ホテル（Wardman Park Hotel）で行われた。

　グルーチーやエアーズが新たな制度経済学のための学会の設立を希望し行動した理由は，以下の2点である。

　第1の理由は，アメリカ経済学会の活動の方向性が新古典派的な，あるいはケインズ派の研究に傾斜し，制度経済学的な研究から徐々に遠のいてきたことへの失望と不満である。

　第2の理由は，以前は取り上げられていた制度経済学のプログラムが，アメリカ経済学会のプログラムの中で反映されることが徐々に難しくなってきたことである。

　事実，1885年のアメリカ経済学会設立とその後の学会活動において，ヴェブレンやコモンズやミッチェル，そしてジョン・モーリス・クラーク（John Maurice Clark）などの制度経済学者たちは大きな役割を担ってきていたし，ヴェブレンを除くコモンズ，ミッチェル，そしてＪ・Ｍ・クラークはアメリカ経済学会会長を務めてきた。

　しかし，特に，第2次世界大戦以後のアメリカ経済学会は，新古典派経済学者やケインズ派経済学者が多数派となり，制度経済学者の影響力は相対的に弱まっていった。

　1958年のワードマン・パーク・ホテルでの初会合から1965年の「進化経済学会」（ＡＦＥＥ）設立までに関わった制度経済学者は，グルーチーら前述した3名の他に，ジョセフ・ドーフマン（Joseph Dorfman），デイビット・ハミルトン（David Hamilton），ルイス・ジャンカー（Louis Junker），Ｊ・ファグ・フォ

スター（J. Fagg Foster），ハリー・M・トレビング（Harry M. Trebing），そしてジェームス・ストリート（James Street）などである。彼らは，「ワードマン・グループ」（Wardman Group）と称され，戦後の制度経済学の展開において主導的な活躍を見せた経済学者たちである。

1965年に，制度経済学者たちの学会はヴェブレンの進化経済学（Evolutionary Economics）から名前を採り，「進化経済学会」と命名されて正式に発足した[27]。そして，初代会長にエアーズ，第2代会長にギャムズ，そして第3代会長にグルーチーがそれぞれ就任した。

多くの「進化経済学会」（ＡＦＥＥ）のメンバーは，初代会長で戦後の制度経済学者の代表者の1人であるエアーズとアメリカのプラグマティズム哲学（道具主義哲学）者のジョン・デューイの影響下にあるといえる。この点を，ギャムズは次のように述べている。

　　「……幾人かは，ヴェブレニアン（ヴェブレン主義者）と呼ばれること－私を含めて－を好んでいる。アラン（グルーチー）はまた，ヴェブレニアンである。……われわれはまた，両者ともに，エアーズの崇拝者であり，それゆえに，またデューイ（Dewey）の崇拝者でもある。」[28]

また，「進化経済学会」（ＡＦＥＥ）は学会誌 *The Journal of Economic Issues*（以下では，*JEI*と略記する）を，1967年以降年4回発行している。ポール・D・ブッシュ（Paul D. Bush）は学会誌 *JEI* について，以下のように述べている。

　　「制度経済学者による運動の歴史の初めの期間に，*JEI* は制度主義の方法論と研究プログラムの一貫した発展のための継続したフォーラムを準備した。」[29]

1965年の「進化経済学会」（ＡＦＥＥ）の設立以後，この学会の加入メンバーと学会誌 *JEI* に投稿される論文は制度経済学者だけにとどまらず，新古典派

経済学者などの制度経済学以外の諸学派へと拡大していった。そして，それが顕著に現れたのは，ウォーレン・J・サミュエルズ（Warren J. Samuels）が学会誌 *JEI* の編集責任者を務めた1971年から1981年までの期間であった。

サミュエルズは，この学会誌 *JEI* が幅広い評価を受けることを願って，制度経済学の立場にたった研究にこだわることなく，新古典派経済学やその他の学派の研究成果をも積極的に *JEI* に掲載した。サミュエルズにとって，制度経済学分野だけに投稿論文が限定されることは，*JEI* への投稿論文数の減少を意味し，編集者にとってこのことは悩みの種であった[30]。

さらに，この「進化経済学会」（ＡＦＥＥ）の会員の拡大と学会誌 *JEI* への制度経済学以外の分野からの投稿論文の拡張は，サミュエルズ自身の経済学的立場とも微妙に関係していたものと推察できる。「進化経済学会」（ＡＦＥＥ）設立に貢献したエアーズやグルーチーやギャムズの経済学研究は，明らかにヴェブレン以後の旧制度主義の研究手法の採用とその理論が色濃く反映されているのに対して，サミュエルズの経済学研究には旧制度主義の影響を感じさせるものは少ない。

サミュエルズは，経済学者全般について「少なくとも，われわれすべてが，多少なりとも経済学者としては新古典派経済学者である」[31]とする見解を示し，制度経済学者といえども新古典派経済学の影響下にあるという考えを明確に示している。

さらに，サミュエルズ自身の経済学的な立場は，制度経済学と新古典派経済学との折衷経済学であり，サミュエルズは「新古典派と制度経済学とは，相互に排他的というよりも，大いに補完的であると信じている」[32]のである。

このような「進化経済学会」（ＡＦＥＥ）の状況は，この学会設立者の１人グルーチーにとって不本意かつ不満なものであった。1973年，グルーチーとギャムズは，これまでの「進化経済学会」（ＡＦＥＥ）の目的を「経済学の学際的研究の促進」から「非マルクス主義経済学からの批判」という形に修正しようと規約改正の提案を行った。しかし，その提案は通ることはなく，彼ら２人はこの「進化経済学会」（ＡＦＥＥ）を脱会することになった[33]。

グルーチーとギャムズが主張した「非マルクス主義からの批判」という規約改正案は、「批判経済学としての制度主義の学会」という立場の明確化と「学際的研究の促進」という名称によって集まった制度経済学以外の様々な経済学派（経済学アプローチ）を排除することを意図したものと見ることができる。事実、「進化経済学会」（ＡＦＥＥ）の設立の目的は、ヴェブレンやコモンズなどの「主流の制度主義」(mainstream institutionalism)[34]の影響力を拡大することにあったにもかかわらず、「進化経済学会」（ＡＦＥＥ）の現状はそのような設立当初の目的を見失ったものとして、グルーチーの目には写っていた。

　グルーチーは、当時の「進化経済学会」（ＡＦＥＥ）に関して、次のような評価を下している。

　　「ＡＦＥＥは、理論分析と経済政策のいずれに関しても、ある明快なイメージまたは影響力を発展させることができなかったので、理論経済学と応用経済学における趨勢に対して、多大な影響力をもつことに失敗した。」[35]

　この「進化経済学会」（ＡＦＥＥ）に対するグルーチーの評価は、まさにヴェブレン以後の「主流の制度主義」の経済学研究とは異なり、新古典派経済学をも巻き込んだ「新しい制度理論の一般化」を模索したサミュエルズの方針に対する批判と解することができる。

　さらにギャムズは、前述した規約改正に関連して、次のような認識を示している。

　　「思いつきかもしれないが、考えられるところでは、ＡＦＥＥといくつかの他の一般的な経済学会との間の唯一の重大な違いは、学際的であるということであった。しかし今日、ほとんどすべての経済学者は学際的であり、また（学際的という）その言葉は、（ライオネル・）ロビンズ（Lionel Robbins）が子どもだった頃に人びとに衝撃を与えたのと同じようには、

第2章 制度経済学の史的展開

今日,人びとに衝撃を与えない。」[36]

このようなグルーチーとギャムズによる「進化経済学会」(AFEE)の現状に対する評価(不満)は,制度経済学者の新たな学会設立への動きを生み出すことになったのである。

(2) 進化経済学会から制度主義思想学会へ

前述したような「進化経済学会」(AFEE)の状況を受けて,制度経済学者のための新たな学会設立の動きが,具体的になされた。1979年4月,ネバダ州で開かれた「西部社会科学学会」(the Western Social Science Association)第21回年次総会で,正式に「制度主義思想学会」(The Association for Institutional Thought)が設立された。

「制度主義思想学会」(AFIT)設立の理由の1つには,「進化経済学会」(AFEE)が「制度経済学の学会」という設立当初の目的からその実態が徐々にかけ離れてきているという,グルーチーなどの「進化経済学会」(AFEE)設立者たちの不満がある。そして,その不満が新たな「制度経済学の学会」の設立へと向かったのである。もう1つの理由は「西部社会科学学会」において毎年行われてきた制度経済学者の会合を公式な学会とすることであった[37]。

「制度主義思想学会」(AFIT)の声明は,以下のようなものである。

「学会の目的および目標は,社会の相互連関研究のための基礎としてのソースティン・ヴェブレン,ジョン・デューイ,クラレンス・エアーズ,ジョン・コモンズ,ウェズレー・ミッチェル,そしてその他の人々の貢献を拡張し修正する中で,制度主義思想の発展を促進し育成させるべきもの」[38]である。

このように「制度主義思想学会」(AFIT)は,その方向性を「進化経済学

39

会」(AFEE) よりもより厳格に制度経済学に絞り込んだものとなっている。

「制度主義思想学会」(AFIT) のメンバーは，グルーチーやギャムズ，そしてエアーズなどの「進化経済学会」(AFEE) 設立当時の関係者が中心であったが，その中核を担ったのはテキサス大学でのエアーズの弟子のデイビット・ハミルトン，ウェンデル・ゴードン (Wendell Gordon) や J・ファグ・フォスター，それにデンバー大学でのフォスターの教え子であったルイス・ジャンカー，マーク・R・トゥール (Marc R. Tool)，ポール・D・ブッシュ (Paul D. Bush) などである。「制度主義思想学会」(AFIT) 設立メンバーの多くが「進化経済学会」(AFEE) のメンバーであるという点では，

> 「制度主義思想学会 (AFIT) は，ソースティン・ヴェブレン，ジョン・デューイ，クラレンス・エアーズ，ジョン・コモンズ，ウェズレー・ミッチェル，そしてその他の人々の研究業績の拡張と修正の中で，制度主義思想の発展を助長・促進するために設けられた組織である。……制度主義思想とは，科学と社会についての全体論的な思考方法である。それは，哲学的な思考と経済学的な思考のより広いスペクトラムから進化されたものであり，真に，社会科学への学際的なアプローチである。」[39] といえる。

「制度主義思想学会」(AFIT) の初代会長には，トゥールが就任し，学会誌 The Review of Institutional Thought はブッシュによって編集・発行された[40]。

もちろん，多くの制度経済学者は，「進化経済学会」(AFEE) のメンバーであり，「制度主義思想学会」(AFIT) のメンバーでもあり続けた。

前述したように，「進化経済学会」(AFEE) の拡張（メンバーの拡大と投稿論文の分野の拡張）によって，結果的に，ポスト・ケインジアンや新古典派経済学者などの制度経済学者以外の経済学分野の経済学者を学会内に取り込む形となり，「進化経済学会」(AFEE) ＝「制度経済学の学会」という，「進化経済学会」(AFEE) 設立当初に有していた独自の性格は徐々に薄れていったのは

第2章　制度経済学の史的展開

確かであった。

　このような「進化経済学会」（AFEE）の状況に対して，「制度経済学の学会」という「進化経済学会」（AFEE）に求めた学会の性格をもう一度確立するために，すなわち，グルーチー，ギャムズ，そしてエアーズ等「進化経済学会（AFEE）設立者の期待を込めて再度設立された学会が，「制度主義思想学会」（AFIT）であったといえる[41]。

　「制度主義思想学会」（AFIT）設立の後，この学会の初代会長を務めたマーク・R・トゥールが1982年から1991年にかけて「進化経済学会」（AFEE）の学会誌 *JEI* の編集責任者に着任した[42]。トゥールの編集責任者就任は，「進化経済学会」（AFEE）および学会誌 *JEI* にとって，制度経済学への回帰を象徴する出来事となった。すなわち，トゥールはそれまで編集責任者であったサミュエルズのような拡張主義・折衷主義をやめ，「進化経済学会」（AFEE）の独自性をヴェブレン以来の「アメリカ制度主義」の伝統に求め，制度経済学独自の研究をより深めることに重点を置いて活動した。トゥールは，1987年発行の学会誌 *JEI* の第3号を『進化経済学Ⅰ：制度主義思想の基礎』（*Evolutionary Economics Ⅰ : Foundations of Institutional Thought*）にし，そして第4号を『進化経済学Ⅱ：制度理論と政策』（*Evolutionary Economics Ⅱ : Institutional Theory and Policy*）にして特集号として発行した。この2冊は，「進化経済学会」（AFEE）の総力を結集した制度経済学の研究書となった[43]。この2冊の研究書の発行は，「進化経済学会」（AFEE）が「制度経済学の学会」であることを改めて表明した証しとして，評価されることとなった。

　この間，「進化経済学会」（AFEE）と「制度主義思想学会」（AFIT）の関係は，その構成メンバーがほぼ同じメンバーであることからも，緊密な関係を保っているといえる。フィリップ・A・オ・ハラ（Phillip A. O'Hara）の言葉を借りれば，両者は「姉妹関係にある組織」である[44]。

41

第6節　ラディカル制度主義

戦後世代の制度経済学者の中でも，特に「ラディカル制度主義」(Radical Institutionalism) を主張する現代の制度経済学者たちがいる。彼らは，ヴェブレン以来の制度主義的伝統を特に重視する制度経済学者たちであるというだけでなく，新しく台頭してきた「新しい制度経済学」(New Institutional Economics) に対して，制度経済学の立場から強烈な批判を展開している。

ラディカル制度主義の代表的経済学者の1人ウィリアム・ダッガー (William M. Dugger) の次の文章は，ヴェブレンに始まる制度経済学の基本的かつ本質的な内容を明確に示したものである。

> 「制度主義とは，文化的進化と社会的な装備 (social provisioning) の経済学である。制度主義とは，『プロセス・パラダイム』である。プロセス・パラダイムの中心となる特徴は，ダイナミックなプロセスの研究である。正統派経済学者とは異なり，制度主義者は静学的均衡を研究しない。なぜなら，制度経済学は，変化の経済学である。変化の研究は，制度主義を……移行，改革，そして革命の経済学にした。」[45]

ラディカル制度主義の主張は，1989年にダッガーが中心となって編集した『ラディカル制度主義-現代的声明-』(*Radical Institutionalism : Contemporary Voices*)[46] の刊行によって，表明された。ダッガーの他に，ダグラス・ダウト (Douglass Dowd)，ロナルド・フィリップス (Ronald Phillips)，ジェームス・スタンフィールド (James R. Stanfield)，リック・ティルマン (Rick Tilman)，そして，ウィリアム・T・ウォーラー，Jr. (William T. Waller, Jr.) などが，このラディカル制度主義者として位置づけられる[47]。そして，彼らは，「進化経済学会」(ＡＦＥＥ)，「制度主義思想学会」(ＡＦＩＴ) そして「ラディカル政治経済学連合」(The Union for Radical Political Economy；ＵＲＰＥ) といった学会組織に，その活動の基盤を置いている[48]。

第 2 章　制度経済学の史的展開

「ラディカル制度主義は，外見上，正統派への明確な主張を持った敵であり，マルクス主義の批判的な友人である。ラディカル制度主義（のラディカル）は，ラディカル・マルクス主義のように，なくてもよい名称である。というのは，制度主義やマルクス主義は，本来，『ラディカル』なのである。にもかかわらず，その用語はあまねく用いられる。なぜなら，相当数の制度主義者たちは，彼らの研究の伝統のなかでラディカルという意味を見出してこなかったからである。」49)

　ここで，ダッガーが述べているように，「制度主義」という言葉は本来，ラディカルな内容を含んでいるといえる。したがって，これまでは「ラディカル」の表現を用いる必要がなかった。しかし，いま，ダッガーたちラディカル制度主義者たちは，あえて「ラディカル」の言葉を用いようとしているのには，以下のような理由がある。

　第1の理由としては，現在の制度経済学者たち，より具体的には，「進化経済学会」（ＡＦＥＥ）所属の制度経済学者たちが，ヴェブレンによって明示された旧制度主義の基本的かつ本質的な進化プロセス概念に基づく制度経済学共通の理論の構築に専念してこなかったことに対するダッガーを含むラディカル制度主義者たちの批判と不満がある。すなわち，ラディカル制度主義者たちの認識では，「制度主義」あるいは「制度経済学」と称される経済学研究はヴェブレンの制度と進化プロセスの理論を基礎とし，その延長線上において理論的かつ政策的研究がなされるべきものと考える。したがって，あえて「ラディカル」の用語を用いることによって，多くの制度経済学者たちに対して，ヴェブレンの旧制度主義の基本的な研究姿勢を明示しようというラディカル制度主義者たちの意図が読みとれる。

　ダッガー自身は，制度主義には「ヴェブレン派」（Veblen branch）と「コモンズ派」（Commons branch）とがあると指摘している。ラディカル制度主義とは，ダッガーの分類でいけば，「ヴェブレン派」制度主義に属するといえるのであ

43

る[50]）。

　第2の理由は，ロナルド・コース（Ronald Coase），ダグラス・ノース（Douglass North），そしてオリバー・ウィリアムソン（Oliver Williamson）等の「新制度経済学」（New Institutional Economics）または「新制度主義」（New Institutionalism）の登場によって，ヴェブレン以来の制度経済学の独自性を表す1つのキーワードとしての「制度」がその意味を失いつつあることにある。すなわち，すでに第1章で述べたように，「制度経済学」（Institutional Economics）または「制度主義」（Institutionalism）という用語は，元来，ヴェブレンなどの「旧制度主義者たちを指し示す言葉」として，ウォールトン・ハミルトン（Walton Hamilton）によって初めて用いられ，広く認識されるようになってきたという歴史的経緯がある。

　しかし，現在，「制度経済学」または「制度主義」というその用語は，ヴェブレン以来の制度経済学と「新制度経済学」の両方を指し示す言葉となってしまっている。このような現状の中で，「制度主義」の前に「ラディカル」の形容詞をつけることで，旧制度主義的伝統の中にあるラディカル制度主義者たちは，ノースなどの「新制度経済学」（または「新制度主義」）とヴェブレン以来の制度経済学との立場の違いを鮮明にしようとしたといえる。

　さらに，「ラディカル」の用語の採用には，「新制度経済学」（または「新制度主義」）が「制度主義」を名乗るのにふさわしくないものである，というラディカル制度主義者たちの「新制度経済学」に対する批判の意味が込められている。すなわち，「新制度経済学」は「制度主義」という仮面をつけてはいるものの，その中身は新古典派・主流派経済学そのものであり，新古典派・主流派経済学とは一線を画して独自の発展を遂げてきた制度経済学の伝統とは全く異質なものである，という痛烈な批判が「ラディカル」の中に込められている。

　事実，ダッガーは，「新制度経済学」の代表者の1人ウィリアムソンが自らの階層的企業論の展開を「新制度主義」と述べたことに対して，次のような批判を加えている。

「この『新制度主義』は，制度主義者などでは全くない。その代わり，それはよりいっそう現実的であり，また洗練された新古典主義である。」[51]

さらに，ダッガーはウィリアムソンと同様に「新制度経済学」の代表者の1人であるノースの研究姿勢についても，次のような批判を加える。

「ノースは，制度主義の理論は重要ではないという一方で，価格理論が重要であるとする新古典派経済学の規準に従う。彼は，制度主義を無視し，価格変化に応じて制度がどのように変化するかを説明するために，ゲーム理論のアプローチを採用する。」[52]

第3の理由は，ラディカル制度主義者たちは単に経済システムの変化プロセスを説明するための理論化を試みるだけでなく，経済システムにおける問題解決のための政策的取組――特に，経済政策の推進だけでなく，政治改革や社会構造改革の展開――についても積極的に言及しようとする意図が込められている。その意味で，彼らは「改革指向の制度主義者」である。なぜなら，ラディカル制度主義者たちは，その思想的な根拠として，アメリカ社会における過去の奴隷解放運動や婦人参政権運動，さらには公民権運動，フェミニズムや学生運動などの社会運動を支えた「左翼の経済学」(leftwing economics) の影響下にあるといえる。

ジャニス・ペーターソン（Janice Peterson）の次の言葉は，これらの内容を示す一例である。

「ラディカル制度主義は，性差別や女性の経済的地位に最も明白に関心を寄せる制度経済学の一派である。……ラディカル制度主義は，社会的・経済的平等の目標に専念する。」[53]

とはいえ，彼らは，ヨーロッパで誕生したマルクス主義とは一線を画しており，あくまでアメリカ社会の伝統の中で展開された社会改革運動や社会改革勢力に対して親近感を覚えているといえる。ラディカル制度主義者が理想とするのは，アメリカのプラグマティズム哲学者デューイの民主主義，すなわち，労働分野における経済民主主義と政治分野における参加民主主義との実現である。

この点に関して，ウィリアム・T・ウォーラー，Jr.（William T. Waller, Jr.）は，次のように述べている。

「より一般的にいえば，私は，より民主主義的な，またより参加型の社会構造と社会的実践に向けて経済システムを意図的に変更するという目的をもって経済システムの働きを正確に記述することを目指した批判的分析として，ラディカル制度主義を規定するであろう。すべての制度分析が正しくおこなわれる場合，（それらが）ラディカルであるべきなのは，この定義から明らかにされるであろう。」[54]

制度経済学は，上述したような歴史的展開を見せながら，現在に至っている。とりわけ，「進化経済学会」（ＡＦＥＥ）のメンバーによる活動は，制度経済学の現在の研究動向に大きな役割を果たしているということができる。

【図表２－３】には，「進化経済学会」（ＡＦＥＥ）設立以来の歴代会長名が示してある。それは，戦後の制度経済学の研究動向を知る手がかりとしても有用である。

第2章 制度経済学の史的展開

【図表2-3】 AFEEの歴代会長

年	会 長 名	年	会 長 名
1966	クラレンス・エアーズ〔初代〕	1967	ジョン・ギャムズ
1968	アラン・グルーチー	1969	ジョセフ・ドーフマン
1970	ベン・セリーグマン	1971	ダニエル・フスフェルド
1972	デイビット・ハミルトン	1973	ハリー・トレビング
1974	ウィラード・ミューラー	1975	セイモア・メルマン
1976	ウォレス・ペーターソン	1977	フィリップ・クライン
1978	デイビット・マーティン	1979	ダドレー・ディラード
1980	ジャック・バーバッシュ	1981	ウォルター・ニール
1982	ジェームス・ストリート	1983	ウェンデル・ゴードン
1984	デイビット・シュワルツ	1985	ミルトン・ロウアー
1986	アン・メイユー	1987	ディルムス・ジェームス
1988	エディス・ミラー	1989	ジョン・マンカー
1990	ポール・ブッシュ	1991	ジェームス・スタージェオン
1992	マーク・トゥール	1993	ジョン・アダムス
1994	F・グレゴリー・ハイドン	1995	ヴェルノン・ブリッグス
1996	ジョン・グローネウェーゲン	1997	ウィリアム・ダッガー
1998	ジェームス・スタンフィールド	1999	ロニー・フィリップス
2000	イグヴェ・ラムスタッド	2001	ロドニー・スティーブンソン
2002	ジェームス・スワニー	2003	ジェームス・ピーチ
2004	ウィリアム・ウォラー	2005	チャールズ・クラーク
2006	ジェフリー・ホジソン	2007	グレン・アトキンソン
2008	マルコム・ラザフォード	2009	デル・チャンプリン
2010	ロバート・プラシュ	2011	ジャニス・ペーターソン

　この図表は、「進化経済学会」(AFEE)の学会誌である *The Journal of Economics Issues* Vol.1, No 1 & 2. (1967年) から Vol.45, No 3. (2011年) までの掲載内容をもとに作成した。

(注)
1) Gruchy, Allan G. (1972), *Contemporary Economic Thought : The Contribution of Neo-Institutional Economics*, Augustus M. Kelley.
2) 井出義光 (1984)「独占資本主義成立の時代」清水博編 (1984)『アメリカ史－新版－』世界各国史第8巻, 山川出版社, pp. 188－224.
3) Oser, Jacobb and Branchfield, William C., ed. (1975), *The Evolution of Economic Thought*, 3ed Edition, Harcout Brace Jevanovich., pp. 360－362.
4) Galbraith, John K. (1977), *The Age of Uncertainty*, Houghton Mifflin Campany. 都留重人監訳 (1978)『不確実性の時代』TBSブリタニカ, pp. 53－94. なお, アメリカ思想史における「社会ダーウィン主義」については, Hofstadter, Richard (1944), *Social Darwinism in American Thought*, Beacon Press, 1955. 後藤昭次訳 (1973)『アメリカの社会進化思想』研究社, に詳しく述べてある。
5) Galbraith, 同上書 p. 59.
6) Galbraith, John K. (1958), *The Affluent Society*, 4th Edition, Houghton Mifflin Co. 1984. 鈴木哲太郎訳 (1990)『ゆたかな社会』岩波書店, pp. 109－110.
7) アメリカ経済学会創設の経緯については, 久保芳和 (1988)『アメリカ経済学の歴史』啓文社と田中敏弘 (1993)『アメリカ経済学史研究－新古典派と制度学派を中心に－』晃洋書房に詳しく述べてある。
8) Dorfman, Joseph (1959), *The Economic Mind in American Civilization*, Augustus M. Kelley, 1969., Vols. 4, p. 353.
9) Veblen, Thorstein (1889), *The Theory of the Leisure Class : An Economic Study of the Evolution of Institutions*, Augustus M. Kelley, 1975. 高哲男訳 (1998)『有閑階級の理論』筑摩書房, pp. 214－215.
10) Veblen, Thorstein (1921), *The Engineers and Price System*, Augustus M. Kelley, 1965. 小原敬士訳 (1962)『技術者と価格体制』未来社には, この点が明確に述べられている。
11) Dorfman, 前掲書 p. 9.
12) Commons, John R. (1931), "Institutional Economics", *The American Economic Review*, Vol. 21, No. 4, December., p. 648.
13) Commons, John R. (1934), *Institutional Economics : Its Place in Political Economy*, Transaction Publishers, Vols. 2, 1990., Vol. 1, p. 58.
14) Commons, John R. (1951), *The Economics of Collective Action*, Macmillan. 春日井薫・春日井敬訳 (1978)『集団行動の経済学』文雅堂銀行研究社に示されている。
15) Dorfman, Joseph (1970), "Heterodox Economic Thinking and Public Policy", *The Journal of Economic Issues*, Vol. 4, No. 1, March, p. 13.
16) Dorfman, 同上書 p. 14.
17) Dorfman, 同上書 p. 14.
18) Dorfman, 同上書 p. 14.
19) Mitchell, Wesley C. (1927), *Business Cycles : The Problem and Its Setting*,

Princeton University Press. 春日井薫訳（1961）『景気循環 I －問題とその設定－』文雅堂銀行研究社に示されている。
20) Dorfman, 前掲書 (1970), p. 11.
21) Dorfman, 同上書 p. 11.
22) Ayres, Clarence E. (1944), *The Theory of Economic Progress*, New Issues Press, Third Edition, 1978. 一泉知永訳（1966）『経済進歩の理論』文雅堂銀行研究社 pp. 1 - 2.
23) この論文は, Galbraith, John Kenneth (1979), *Annals of an Abiding Liberal*, Houghton Mifflin Company. 都留重人監訳（1980）『ある自由主義者の肖像－ガルブレイス著作集 8 －』TBSブリタニカの中に収められている。
24) Galbraith, 同上書 pp. 464 - 466. なお, 訳書では power を「支配力」と訳しているが, その言葉の持つ意味から考えて, 本章では「権力」の訳語を用いている。
25) Myrdal, Gunnar (1972), *Against the Stream*, Random House. 加藤寛・丸尾直美他訳（1975）『反主流の経済学』ダイヤモンド社 p. 19.
26) Kapp, K. William (1977), *Integration and Humanization of the Social Sciences*, D. C. Heath and Company. 柴田徳衛・斎藤興嗣訳（1981）『社会科学における総合と人間性』岩波書店 pp. 60 - 62.
27) Gambs, John (1980), "Allan Gruchy and the Association for Evolutionary Economics", in Adams, John, ed., *Institutional Economics : Essays in Honor of Allan G. Gruchy*, Martinus Nijhoff Publishing, pp. 26 - 27. この学会には, 後に会長を務めるウェンデル・ゴードン (Wendell Gordon) やモーリス・コープランド (Morris Copeland) などの制度経済学者たちも加わった。
28) 同上書 p. 27. 引用文中の（ ）は, 筆者が補足したものである。
29) Bush, Paul Dale (1991), "Reflections on the Twenty － Fifth Anniversary of AFEE : Philosophical and Methodological Issues in Institutional Economics", *The Journal of Economic Issues*, Vol. 25, No. 2, June, p. 323.
30) Samuels, Warren J. (1982), "Editor's Report", *The Journal of Economic Issues*, Vol. 16, No. 1, March, pp. 315 - 316.
31) 同上書 p. 316.
32) 同上書 p. 318.
33) Gambs, 前掲書 p. 30.
34) グルーチーは, ヴェブレンやコモンズやミッチェル, さらにはエアーズやガルブレイスなどの傑出したアメリカ制度経済学者たちを「主流の制度主義」と呼び, 当時の「進化経済学会」（AFEE）の会員たちと区別していた。Gruchy, Allan G. (1978), "Institutional Economics : Its Influence and Prospects", *The American Journal of Economics and Sociology*, Vol. 37, No. 3, July.
35) 同上書 p. 272.
36) Gambs, 前掲書 pp. 28 - 29. 引用文中の（ ）は, 筆者が補足したものである。
37) Sturgeon, James I. (1981), "The History of the Association for Institutional

Thought", *The Review of Institutional Thought*, Vol. 1, December, p. 40.
38) Ranson, Baldwin (1981), "AFEE or AFIT : Which Represents Institutional Economics ? ", *The Journal of Economic Issues*, Vol. 15, No. 2, June, p. 522.
39) Sturgeon, 前掲書 p. 40.
40) 学会誌 *The Review of Institutional Thought* は, 1981年に第1巻, 1982年に第2巻, 1986年に第3巻が発行された。
41) 「制度主義思想学会」(AFIT)の歴史に関しては, Sturgeon 前掲書に詳しく述べてある。
42) トゥールは, 1992年に「進化経済学会」(AFEE)の会長に就任している。
43) この2冊は, Tool, Marc R. (1988) ed., *Evolutionary Economics Ⅰ : Foundation of Institutional Thought*, M. E. Sharpe および Tool, Marc R. (1988) ed., *Evolutionary Economics Ⅱ : Institutional Theory and Policy*, M. E. Sharpe, として, M. E. Sharpe 社から翌年の1988年に学会誌ではなく一般書籍として発行された。
44) O'Hara, Phillip Anthony (1999), "Association for Evolutionary Economics and Association for Institutional Thought", in O'Hara, Phillip Anthony (1999), ed., *Encyclopedia of Political Economy*, Vols. 2, Routledge.
45) Dugger, William M. (1989), ed., *Radical Institutionalism : Contemporary Voices*, Greenwood Press, p.vii.
46) 同上書の執筆者たちは, このグループのメンバーである。
47) ダッガーとスタンフィールドは, それぞれ1997年と1998年に「進化経済学会」(AFEE)の会長に就任している。
48) スタンフィードは, グルーチーやエアーズを「現代のリベラルな制度主義」(modern liberal institutionalism) と呼び, 制度主義にラディカルな解釈を適用することで, 制度主義の性格を明示化したのが「ラディカル制度主義」であると述べる。Stanfield, James R. (1999), "Radical Institutionalism", in O'Hara, Phillip A., ed. (1999), *Encyclopedia of Political Economy*, Vols. 2, Routledge, p. 955. しかし, 制度主義におけるラディカルとリベラルとの区別に関するスタンフィールドの基準は, あまり明確ではない。この区別それ自体は制度主義を考える場合には, ウォラー, Jr. が言うように, 「リベラルな制度主義とラディカル制度主義とを区別することは, 報われない課題となる」かもしれない。Waller, Jr., William T. (1989), "Methodological Aspects of Radical Institutionalism", in Dugger, 前掲書 p. 39.
49) Dugger, 同上書 p. 4.
50) Dugger, William M. (1992), *Underground Economics : A Decade of Institutionalist Dissent*, M. E. Sharpe, p.xix. なお, ダッガーの「ヴェブレン派」制度主義に関するより詳しい考察は, Dugger, William M. (1995), "Veblenian Institutionalism : The Changing Concepts of Inquiry", *The Journal of Economic Issues*, Vol. 29, No. 4, December, に示されている。
51) Dugger, 前掲書 (1992) p. 95.
52) Dugger, William M. (1995), "Douglass C. North's New Institutionalism", *The*

Journal of Economic Issues, Vol. 29, No. 2, June, p. 457.
53) Peterson, Janice, (1994) "introduction", in Peterson, Janice and Brown, Doug, eds. (1994), *The Economic Status of Woman under Capitalism : Institutional Economics and Feminist Theory*, Edward Elgar, pp. x – xi.
54) Waller, Jr., 前掲書 p. 39.

【その他参考文献】
〔1〕 Canterbery, E. Ray (1980), *The Making of Economics*, Wadswort Publishing Co. 上原一男訳 (1983)『経済学-人・時代・思想-』日本経済新聞社
〔2〕 Coase, Ronald Harry (1988), *The Firm, the Market, and the Law*, The University of Chicago Press. 宮沢健一・後藤晃・藤垣芳文訳 (1992)『企業・市場・法』東洋経済新報社
〔3〕 Dorfman, Joseph (1934), *Thorstein Veblen and His America*, Augustus M. Kelley, 1972. 八木甫訳 (1985)『ヴェブレン-その人と時代-』ホルト・サンダース・ジャパン
〔4〕 Eggertsson, Thrainn (1990), *Economic Behavior and Institutions*, Cambridge University Press. 竹下公視訳 (1996)『制度の経済学-制度と経済行動-』(上・下) 晃洋書房
〔5〕 Furubotn, Erik G. and Richter, Rudolf, eds. (1997), *Institutions and Economic Theory : The Contribution of the New Institutional Economics*, The University of Michigan Press.
〔6〕 Gambs, John S. (1946), *Beyond Supply and Demand : A Reappraisal of Institutional Economics*, Greenwood Press, 1974. 佐々木晃監訳 (1988)『需給を超えて-制度派経済学の再評価-』多賀出版
〔7〕 Gruchy, Allan G. (1987), *The Reconstruction of Economics : An Analysis of the Fundamentals of Institutional Economics*, Greenwood Press.
〔8〕 Hamilton, Walton H. (1974), *Industrial Policy and Institutionalism*, Augustus M. Kelley.
〔9〕 Hodgson, Geoffrey M., Samuels, Warren J., and Tool, Marc, eds. (1994), *The Elgar Companion to Institutional and Evolutionary Economics*, Vols. 2, Edward Elgar.
〔10〕 Hodgson, Geoffrey M. (2004), *The Evolution of Institutional Economics*, Routledge.
〔11〕 Langlois, Richard N. (1986), ed., *Economics as a Process : Essays in the New Institutional Economics*, Cambridge University Press.
〔12〕 Medema, Steven G. ed. (1998), *Coasean Economics : Law and Ecomonics and the New Institutional Economics*, Kluwer Academic Publishers.
〔13〕 Menard, Claude, ed. (2000), *Institutions, Contracts and Organizations : Perspectives from New Institutional Economics*, Edward Elgar.

〔14〕 North, Douglass C. (1990), *Institutions, Institutional Change and Economic Performance*, Cambridge University Press, 1990. 竹下公規訳（1994）『制度・制度変化・経済成果』晃洋書房
〔15〕 Williamson, Oliver E. (1975), *Market and Hierarchies*, Macmillan Publishing. 浅沼萬里・岩崎晃訳（1980）『市場と企業組織』日本評論社
〔16〕 Yeager, Timothy J. (1999), *Institutions, Transition Economies, and Economic Development*, Westview Press. 青山繁訳（2001）『新制度派経済学入門－制度・移行経済・経済開発－』東洋経済新報社
〔17〕 Veblen, Thorstein (1898), "Why is Economics not an Evolutionary Science？", *The Quarterly Journal of Economics*, Vol.12, July.
〔18〕 Veblen, Thorstein (1904), *The Theory of Business Enterprise*, Augustus M. Kelley, 1975. 小原敬士訳（1982）『企業の理論』勁草書房
〔19〕 Veblen, Thorstein (1914), *The Instinct Workmanship and the Study of the Industrial Arts*, Augustus M. Kelley, 1964. 松尾博訳（1997）『ヴェブレン経済的文明論－職人技本能と産業技術の発展－』ミネルヴァ書房
〔20〕 赤澤昭三・関谷登・太田正行・髙橋真（1998）『制度経済学の基礎』八千代出版
〔21〕 赤澤昭三・関谷登・太田正行・髙橋真（2002）『制度の進化と選択』八千代出版
〔22〕 髙橋真（2009）『経済学を歩く』税務経理協会
〔23〕 佐々木晃編著（1991）『制度派経済学』ミネルヴァ書房
〔24〕 佐々木晃編著（1994）『制度派経済学の展開』ミネルヴァ書房
〔25〕 佐々野謙治（1995）『制度派経済学者ミッチェル』ナカニシヤ出版
〔26〕 佐々野謙治（2003）『ヴェブレンと制度派経済学－制度派経済学の復権を求めて－』ナカニシヤ出版

第3章

制度変化と調整の一般理論

【本章の構成】
第1節　二分法分析
第2節　二分法の歴史解釈
第3節　制度的調整の原理
第4節　問題解決プロセスとしての制度変化
第5節　制度的調整の意義

第1節　二分法分析

　制度はどのような過程を経て定着し，そしてどのような過程を経て変化するのか。

　初めに，制度とはある一定の時空間において，ある社会を構成する人々によって共通に認識され，共有されているものの考え方とその表現形態である。この定義は，「制度とは，実質的にいえば，個人や社会の特定の関係や特定の機能に関する広く行きわたった思考習慣なのである。……制度は過去のプロセスの産物であり，過去の環境に適応したものであり，それゆえ，決して現在が要求しているものに完全に一致することはない。」[1]というソースティン・ヴェブレン（Thorstein Veblen）の定義に負っている。

　制度には，憲法や法律や条例という形で明文化された公式なものから日々の日常の生活の中で慣習や慣例やしきたりとして明文化されずに定着化してきたものが含まれる。

　これらの制度の変化に対して重要な役割を担っているものとして，技術（technology）がある。ここでいう技術とは科学の進歩によって裏づけられる

という意味で，科学技術と同義語である。

　制度経済学は，この制度と技術の相互関係のプロセスとして，制度変化を捉える。それは，過去という時間によって形成され現時点まで受け継がれてきた制度が手段としての有用性を持ち未来へとつながっていく技術によって，制度変化がもたらされるというものである。これは，制度と技術の二分法という制度経済学独自の思考法である。ウィリアム・T・ウォラー, Jr.（William T. Waller, Jr.）は，この制度経済学独自の思考法について「ヴェブレン流の二分法は，ヴェブレンとエアーズの伝統における制度経済学者たちの中心的な分析用具である。ヴェブレンの業績の中で，ソースティン・ヴェブレンは，多くの特殊な形で，二分法を表現した」[2]と説明する。

　ところで，この二分法的思考法は，制度経済学の重要な2つの理論内容を提示している。1つは，制度経済学の歴史解釈である。そしてもう1つは，社会経済問題の発生とその解決法である。

第2節　二分法の歴史解釈

　制度と技術の関係を歴史解釈として確立したのは，クラレンス・E・エアーズ（Clarence E. Ayres）である。ここでは，エアーズに従って，制度（エアーズの言葉では「儀式」）と技術の関係について見ていく。

　エアーズは，制度という言葉に代わって「儀式」（ceremony）という言葉を用いる。その理由として，制度という言葉がヴェブレン以後曖昧な，かつ多様な内容を含んでおり，制度をより的確に示す言葉として「儀式」が望ましい言葉であるとエアーズは判断したからである。

　エアーズによる制度変化の理論の特徴は，ヴェブレンの制度進化の理論とジョン・デューイ（John Dewey）のプラグマティックな手段的または道具主義的価値論（instrumental value theory）との統合を試みたことにある。すなわち，制度は過去から受け継がれた過去の残存物として現在に残っているが，それは手段として価値を持つ技術によって変化が促される。その意味で，手段的な価

第3章 制度変化と調整の一般理論

値を持つ技術に対応する制度の変化がもたらされ、変化した制度が新たに定着する。この一連の過程はヴェブレンの制度進化の過程であり、またこの過程はデューイ的な手段的価値の表象としての技術によって促されるものであるという意味で、ヴェブレンとデューイの統合といえる。

　エアーズは経済活動を人間行動の一部として捉え、社会的・文化的活動の一部であると見なす。経済活動をその一部として含むところの人間行動は、すべて社会的に組織されており、文化現象である。エアーズはこのような観点に立ち、人間行動を「儀式的行動」(ceremonial behavior) と「技術的行動」(technological behavior) との2つの性格からなるものとみる。そして、彼はこれらの異なる2つの行動を分析することによって、経済社会の動態的プロセスを解明しようとする。

　エアーズは、人間行動を儀式的行動と技術的行動の2つの側面からなるものとして捉えている。

　エアーズによれば、儀式的行動とは迷信的な宗教や伝説に基づく儀式・祭礼、社会慣習、身分制度などを含んでいる。他方、技術的行動とは道具の使用と道具の組み合わせであり、また発明や発見などである。また、儀式的行動（制度）は保守的で静態的であり、過去に依存するものである。そして、それは進歩や変化に対して抵抗する傾向を持つ。これに対して、技術的行動は進歩的であり発展的であり、また変化を指向するものでもある。

　「『生計を立てる』(getting a living) という営みには、これら2つの機能の両方が含まれている。すなわち、生計を立てるという営みのなかには、技術的性格と儀式的性格の諸活動とがある。この2組の諸活動は、あらゆる点で相互に両立するのみならず、条件付けあっており、そして両者の間において、すべての『生計を立てる』活動を規定し構成している。これらの諸要因、相互の諸関係、そしてそれらが原因となっている経済活動の諸形態を区別し理解することは経済分析の問題である。」[3]

ところで，われわれ人間は，儀式（制度）のプロセスと技術のプロセスとの両方のプロセスの中にあるといえる。そして，両者は相互に排他的な関係にあるということもできる。

　われわれ人間は，危険なそして不確実な世界の中で安全を追求・確保するために，古来から2つの方法を採用してきた。

　第1の方法は，われわれの周囲を取り巻き，運命を決定付ける権力（power）の機嫌をとることである。祈願，いけにえ，儀式上の慣わし，カルト的な祭礼など，今日では大部分見られなくなったこれらの行動は，幸運をつかさどる権力の側（例えば，神など）に自分の意思を委ねることによって，安全を確保しようという行為に他ならない。

　もう1つの方法は，技術に依存することである。すなわち，新たな技術を考案し，人間に対して脅威となる自然の力（power）に対して，技術という道具を用いてその力の説明を試みることである。この自然の力に対する技術による説明は，後に「科学」として発展するものである。すなわち，技術に裏づけられた科学による解明または説明によって，安全を確保するのである。

　この儀式と技術の方法は，一見すると両立可能であるかのように見える。しかし，一方は他方を犠牲にしてのみ普及することができるのである。

　エアーズは儀式と技術の関係について「人類の歴史は，絶えず変化をつくり出そうとする技術のダイナミックな力と変化に抵抗する儀式――身分・社会慣習・伝説の信仰――のスタティックな力との，これら諸要因の果てしない対立の歴史である。」[4]と述べている。

　ところで，経済の成長は科学や技術の発展に起因するものであり，知的な意味でも，また物質的な意味でも，あらゆる種類の道具と材料の増殖によるものである。しかし，それは人間の持つ特定の本能に起因するのではない。経済の成長は，多くの発明や発見の結果およびその集大成として導き出されたものであり，その根底には人類の知性と熟練が存在する。

　エアーズは，近年の急速な科学と技術の発展の理由を，ヴェブレンが指摘した製作本能（人間の厚生や福祉の向上につながる技術開発に喜びを感じる本能）が広

第3章　制度変化と調整の一般理論

まったことに見出すべきではないとして，ヴェブレン流の本能論による説明を拒否する[5]。

一方，儀式は，実際のところ，過去の伝説の再現である。伝説はしきたりを合理化し，しきたりは身分に適合した行動を規定する。その意味で，あらゆる制度化のプロセスは，過去を向いているのであり，変化に対して抵抗する傾向をもつ。ここに，発明や発見が起こる余地があるとエアーズは見ている。すなわち，儀式による支配・説明・説得がなされていることそれ自体が，技術的発展の要素（技術による解明の余地）を含んでいるのである。発明や発見といった技術的発展が，それまでの人間生活の物質的環境を変化させることによって，制度的な変化を促進するのである。

> 「技術の発展の力は，制度的構造が作用している物質的環境を変化させることによって制度的構造を変化させる。しかし，その適応は，儀式的な残存物の本質までは変化を巻きこまない。それは変化に耐えたのである。否定的な意味以外のどんな意味でも，あるあたえられた技術に『適応』する制度（または1組の制度）のようなものは存在しない。」[6]

エアーズが儀式として規定した伝説・しきたり・身分制度・社会慣習はそれぞれ明示的な社会形態をとっているが，それらの本質的な要素は「超自然的な感情的条件付け（emotional conditioning）」である。すなわち，それは社会全体の多くの人々が，神のような超自然的なものを信じ，自らの意思をそれにゆだねることであり，儀式や制度化のプロセスの本質である。この「超自然的な感情的条件付け」のプロセスは，共同社会の中で，幼い頃からその社会を構成する人々によって次世代へと教育され，伝えられてきたものである。

発明や発見といった技術的発展は，その技術的な発展に適応した個別の儀式や制度の変化をもたらす。しかし，それはあくまで部分的な，あるいは表面的な儀式や制度の変化にとどまり，儀式や制度化のプロセスの本質は変わらず残ったままである。

発明や発見およびそれに結びついた技術的発展は，過去の残存物である儀式や制度の変更をもたらす。その儀式や制度の変化（制度化のプロセス）それ自体は，新たな技術的条件に適応する形で変化する。この過程が，制度的調整（institutional adjustment）である。しかし，この制度的調整のプロセスは，儀式や制度の表面的な，あるいは部分的な変化にとどまるのであって，儀式や制度の本質である「超自然的な感情的条件付け」の排除・否定・変化にまで及ぶものではない。

エアーズは，儀式（制度）と技術という2つの対立する人間行動分析によって，古代から現代までの人類の歴史を独自の視点から解釈を試みたものといえるし，それは制度経済学の制度変化の理論の中核をなすものである。

第3節　制度的調整の原理

次に，二分法的な思考から得られる社会経済問題の発生とその解決法に関して見ていく。ここで注目されるのは，J・ファグ・フォスター（J. Fagg Foster）の制度変化に関する議論である。

フォスターの議論の中心は，制度的調整（institutional adjustment）[7]の持つ意味に関するものである。過去から受け継がれた制度がどのように変化し，そこに技術がどのように関わるのか，そして，その技術と技術に対応した制度変化の過程が，すなわち制度的調整の過程が，社会経済問題とどのように関わるのか，について詳細に論じている。

フォスターは，制度的調整に関する3つの原理を提示し，制度的調整プロセスを社会経済問題解決のプロセスと位置づける。フォスターは，制度的調整の原理について次のように述べている。

「社会問題に対する解答は，必然的に，制度的調整の形態をとるのであるから，当該の諸原理は，ある種の調整の決定要因を明らかにしなければならない」[8]

第3章　制度変化と調整の一般理論

　フォスターは制度の持つ機能または価値を2つに分類する。それは，制度の手段的機能（価値）と制度の儀式的機能（価値）である。制度の手段的機能（価値）とは，効率性や持続性に関連し，科学や技術と結びついた技術的な発展プロセスという動態的な動きに基づくものであり，手段として正当化されるものである。これに対して，制度の儀式的機能（価値）とは，権威や身分制度に基づくものであり，儀式として正当化されるものであり，既存の制度的構造の存続を支持するものである。したがって，技術的な発展という動態的なプロセスは，制度の手段的な機能（価値）を通して，それ自体習慣化した行動様式に対して変化の圧力を加える。そのことは，社会を構成している人々を制度の変更・修正へと向かわせることになる。

　ところで，フォスターが提示する制度的調整に関する3つの原理とは，①「技術的決定の原理」，②「認識された相互依存の原理」，そして③「最小限の混乱原理」である。

　フォスターは，社会経済問題の発生が技術的発展のプロセスに起因し，そしてその問題の解決は制度的構造の調整のみによって図られると考える。すなわち，新たな技術の開発や発展が，それまで人々の間に定着してきたものの考え方や行動様式といった制度との間で不適合なものとなり，軋轢を生んで社会経済問題化するという意味で，社会経済問題の発生は技術的発展に起因しているといえる。その問題が解決されるためには，手段的に有用であり未来への指向性が強い技術に適応する形での制度の変化が促され，新たな制度の定着化（制度的調整）が求められる。このような過程を経て，問題の解決が図られるとフォスターは考える。

　ある1つの社会経済問題の発生は技術の発展による制度との不適合によってもたらされるものであるという意味で，技術が社会経済問題化のカギを握っている。また，社会経済問題の解決は技術に適応した制度の変化であるということからすれば，制度の変化による解決を促すものとして技術が重要なカギを握っている。このことから，問題の発生と解決において，技術は重要な決定要因である。

フォスターは，このことを制度的調整の第1の原理，すなわち，「技術的決定の原理」（The Principle of Technological Determination）と呼ぶ[9]。したがって，制度的調整プロセスは経済の進歩や効率性の観点から積極的に評価されるものといえる。

　第2の制度的調整の原理として，「認識された相互依存の原理」（The Principle of Recognized Interdependence）がある。技術の発展によって制度の変化が促されるという制度的調整の過程は，ある1つの制度変化に対する意図を持った人々の選択的な行動が社会を構成する人々によって相互に認識され，その社会の人々の共通した行動として具体化されることによって明確になるということである。

　フォスターによれば「制度的構造は，大部分，習慣化した行動から成り立っている。しかし，そのようなある構造でのひとつの調整は，ひとつの意図的な選択が，行動を変更しなければならないような人々によって認識された可能な選択肢の間でなされる，ということを要求する。ひとつの新しい行動パターンは，その行動が最初に『方向付けられた』ものであることを必要とする。それは，反復繰り返しによって習慣的なものとなる。しかし，その最初の行動成果は意識的な方向性を必要とする。」[10]

　この原理は，社会の制度的構造の存続を規定する行動パターンが，相互に関係し合っているという認識に基づいている。人々は，制度変化とは相互依存的な習慣化した行動の中での「方向付けられた」あるいは「意識的な」変化の具体化であることを認識しなければならないのである。

　フォスターの提示する制度的調整の最後の原理は，「最小限の混乱原理」（The Principle of Minimal Dislocation）である[11]。これは，制度の変化や修正が，制度的構造の中で修正されないで残された部分にうまく組み入れられることを意味する。すなわち，社会は無数の制度の束（制度的構造）から成っており，技術の発展に適応した1つの制度変化は，それ以外の制度の束（制度的構造）の中で矛盾することなく不適合なものとならないで，受け入れられることである。フォスターのいう第1の原理（「技術的決定の原理」）からすれば，制度変化

や修正は，技術的な発展プロセスに起因する。制度変化や修正は，手段的効率性あるいは手段的価値の観点から望ましいものといえる。フォスターの議論には，そのような価値判断が含まれている。

ところで，技術的発展によって引き起こされる1つの制度変化や修正は，制度的構造全体に及ぶわけではない。したがって，その1つの制度変化や修正が変化や修正がなされなかった残りの制度的構造との中で混乱や軋轢を最小限にとどめ，残りの制度的構造の中に組み入れられることが，結果的にその社会における手段的効率性（手段的価値）の純増加をもたらすことになる。

この「最小限の混乱原理」は，制度変化や修正が制度的構造全体とどのように関わってくるのかによって，すなわち，その制度変化や修正が起こる割合，程度，分野という点で，制度的調整の限界が明らかとなる。

20世紀末に起こった社会主義政権の崩壊とその後のロシアを含む東ヨーロッパ諸国の市場経済への移行という改革は，ひとつの制度変化というよりも，まさに多くの制度変化をもたらし，制度的構造全体の変化を求めるものであった。ポール・D・ブッシュ（Paul D. Bush）は，「最小限の混乱原理」の観点からこの一連の社会主義崩壊と市場経済改革を次のように見ている。

> 「『社会主義』から『資本主義』への移行を達成するための東ヨーロッパ諸国やロシアにおける『市場の衝撃』政策の適用は，これらの多くの国々の制度的構造をすでにボロボロに壊すという最大限の混乱（maximal dislocation）という結果に終わるように見える。」[12]

第4節　問題解決プロセスとしての制度変化

二分法を制度変化に適用し，そこに「進歩的な」（progressive）制度変化と「退行的な」（regressive）制度変化を見出したのは，ブッシュである。「進歩的な」制度変化とは手段的に正当化された価値を持ち，技術的な発展過程を通し

て社会経済問題の解決において適用される。それは、儀式的に正当化された価値に取って代わるものである。これに対して、「退行的な」制度変化とは儀式によって正当化されたものであり、技術的発展に対して社会が抵抗的であり儀式的な行動が支配的な場合、「退行的な」制度変化が起こる。ブッシュもフォスターと同様に、手段的な効率性にその価値を見出す。ブッシュは「進歩的な」制度変化を問題解決のプロセスとみて、そこに政策的な意義を見出す[13]。

「進歩的な」制度変化のプロセス（手段的に正当化された行動パターン）を通じて、儀式によって正当化された行動パターンを変化させる（移し変える）には、社会生活の中にある程度の混乱が生じる。その場合、フォスターが述べた「最小限の混乱原理」が意味するように、その混乱は最小限度にとどめられることが望ましい。

> 「手段的行動様式による儀式的行動様式の移し変えが、共同社会の生活プロセスの持続性を保持し、また手段的に正当化される行動様式の混乱を最小限にするほどの方法で起こる場合にのみ、『進歩的な』制度変化が起こりうるということを、最小限の混乱原理は明確にする。」[14]

ブッシュは、社会経済問題解決のプロセスとしての「進歩的な」制度変化プロセスは、手段的な価値を持つ行動パターンによる儀式的行動パターンの移し変えという形で行われるが、それは個人個人のレベルで変化が促進されるように計画されなければならないとみる。これは、フォスターのいう「認識された相互依存の原理」に基づく考えと見ることができる。

> 「もし、『進歩的な』制度変化が起こるならば、それは『草の根』レベルで確立されなければならない。『上からの革命』がめったにしか成功しないのは、この理由のためである。」[15]

第3章　制度変化と調整の一般理論

　民主主義は真の経済進歩の実現にとって不可欠な政治プロセスであり，政策形成は大衆レベルでの共通の合意（共通認識）に基づくものでなければならない。そして，この点は政策形成に関するすべての制度経済学者共通の見解である。
　ところで，現在われわれが直面している社会経済問題に対して，この「進歩的な」制度変化の概念はどの程度有効であろうか。
　ブッシュは，米ソ冷戦構造の崩壊後に見られるアメリカの非軍事化（核軍縮の動き）と酸性雨や地球温暖化などの地球規模の環境破壊に関して，次のような見解を示す。
　アメリカの非軍事化に関しては，ゴルバチョフによる冷戦の終結宣言が1つの大きなきっかけであった。アメリカの非軍事化は，手段的な価値基準の観点から見れば，技術と資源の経済的な浪費を避けるという点で，意義あるものといえる。しかし，実際には軍隊と民間の産業部門が密接な関係を保っている。すなわち，いわゆる「軍産複合体」がアメリカのあらゆる分野に浸透しており，非軍事化という「進歩的な」制度変化を「最小限の混乱原理」にかなう形で計画することは，かなり厳しいものとなる[16]。
　また，地球規模の環境破壊に関しては，その解決策は一国レベルであろうと国際レベルであろうと，社会生活の「最大限の混乱」に陥ることなく，その制度の調整を図ることは困難であるかもしれない。すなわち，地球規模の環境破壊を食い止めることは，自家用車での通勤をやめて公共交通機関に乗り換えるといった1つの制度の変化では済まない。まさに制度的構造全体を大きく変えること以外には，問題の解決は図れないという意味で「最小限の混乱」では済まされないであろう。
　その意味で，ブッシュの「進歩的な」制度変化の概念は，直面する社会経済問題に対して有効かつ実行可能な政策提示の困難性を浮き彫りにする結果となっているように見える。

第5節　制度的調整の意義

　エアーズおよびフォスター等によって展開されてきた技術発展と制度変化およびその調整過程に関する制度経済学の議論には，技術進歩や技術革新が経済の進歩あるいは社会経済問題の解決に役立つものという共通の認識が見られる。また，そこには制度の変化や修正をもたらす原動力としての科学技術の発展が道具として価値を持つという手段的価値論の立場が表明されている。エアーズやフォスター等の制度変化と調整の理論について，ロジャー・M・トゥラブ（Roger M. Troub）は，次のように述べている。

　　「C・E・エアーズは，……手段的な価値基準に注目した。そして，ファグ・フォスターはその意味を探求し，それによって，さらにそれを発展させ，ヴェブレンの制度的調整論を精緻化した。」[17]

　この制度変化と調整の理論は，制度経済学における制度変化に関する中核となる理論であり，現実の社会経済問題解決のための手段としての制度改革の有効性とその改革の方向性を指し示すものである。科学技術の発展は，現代においてさらにその歩みを速めている。それに伴い，制度変化のスピードもますます速まることになるといえる。

　技術は本来価値中立的であるが，技術を利用する人間はその技術をどのように，そしてどのような目的で利用するのか。技術利用の目的とその利用法は，その社会を支える価値基準に依存するが，その価値基準もまた制度である。

　技術の進歩は制度をどのように変え，そしてどのような新たな制度を生み出すのか。制度変化と調整の理論は，われわれの社会経済の構造と諸問題を明らかにし，その解決の方向性を示す有力な理論として意義深いものである。

（注）

1) Veblen, Thorstein (1889), *The Theory of the Leisure Class : An Economic Study of the Evolution of Institutions*, Augustus M.Kelley, 1975. 高哲男訳（1998）『有閑階級の理論』筑摩書房, pp. 214–215.
2) Waller, Jr. William T. (1982), "The Evolution of Veblenian Dichotomy : Veblen, Hamilton, Ayres, and Foster", *The Journal of Economic Issues*, Vol. 16, No. 3, September, p. 757.
3) Ayres, Clarence E. (1944), *The Theory of Economic Progress*, 1978, Third Edition, New Issues Press, p. 99.
4) 同上書 p. 99.
5) Ayres, Clarence E. (1967), "The Theory of Institutional Adjustment", in Thompson, Carey C. (1967), ed., *Institutional Adjustment : A Challenge to a Changing Economy*, University of Texas Press, p. 5.
6) Ayres, 前掲書（1944）, p. 187.
7) 技術を含めた制度を取り巻く環境の変化に適応する形で制度が変化することを「制度的調整」と呼ぶが，本文で示すようにフォスターとエアーズとの間には相違点がみられる。
8) Foster, J. Fagg (1981), "Syllabus for Problem of Modern Society : The Theory of Institutional Adjustment", *The Journal of Economic Issues*, Vol. 15, No. 4, December, p. 932.
9) 同上書 pp. 932–933.
10) 同上書 p. 933.
11) 同上書 pp. 933–934.
12) Bush, Paul D. (1999), "Institutional Change and Adjustment", in O'Hara, Phillip A. (1999), ed., *Encyclopedia of Political Economy*, Vols. 2, Routledge., p. 523.
13) Bush, Paul D. (1989), "The Concept of "Progressive" Institutional Change and Its Implications for Economic Policy Formation", *The Journal of Economic Issues*, Vol. 23, No. 2, June, pp. 455–464.
14) Bush, 同上書 p. 457.
15) Bush, 同上書 p. 456.
16) Bush, 同上書 pp. 460–461.
17) Troub, Roger M. (1983), "General Adjustment Theory and Institutional Adjustment Process", *The Journal of Economic Issues*, Vol. 17, No. 2, June, p. 318.

【その他参考文献】
〔1〕 Breit, William, and Culbertson, William P. (1976), eds., *Science and Ceremony : The Institutional Economics of C. E. Ayres*, University of Texas Press.
〔2〕 Bush, Paul D. (1988), "Theory of Institutional Change", in Tool, ed., 〔10〕
〔3〕 Bush, Paul D. (1994), "The Pragmatic Instrumentalist Perspective on the Theory of Institutional Change", *The Journal of Economic Issues*, Vol. 28, No. 2, June.
〔4〕 Foster, J. Fagg (1981), "The Theory of Institutional Adjustment", *The Journal of Economic Issues*, Vol. 15, No. 4, December.
〔5〕 Gruchy, Allan G. (1972), *Contemporary Economic Thought : The Contribution of Neo-Institutional Economics*, Augustus M. Kelley, 1974.
〔6〕 Gruchy, Allan G. (1990), "Three Different Approaches to Institutional Economics : An Evolution", *The Journal of Economic Issues*, Vol. 24, No. 2, June.
〔7〕 Hodgson, Geoffrey M., Samuels, Warren J., and Tool, Marc R. (1994), eds., *The Elgar Companion to Institutional and Evolutionary Economics*, Edward Elgar, Vols. 2.
〔8〕 Phillips, Ronnie J. (1994), "Texas School of Institutional Economics", in Hodgson, Samuels and Tool, eds., 〔7〕
〔9〕 Tool, Marc R. (1995), *Pricing, Valuation and Systems : Essays in Neo-institutional Economics*, Edward Elgar.
〔10〕 Tool, Marc R. (1988) ed., *Evolutionary Economics I : Foundation of Institutional Thought*, M. E. Sharpe.
〔11〕 Tool, Marc R. (2000), *Value Theory and Economic Progress : The Institutional Economics of J. Fagg Foster*, Kluwer Academic Publishers.
〔12〕 Tool, Marc R. and Bush, Paul Dale (2003), eds., *Institutional Analysis and Economic Policy*, Kluwer Academic Publushers.

第4章

現代資本主義の制度経済分析

【本章の構成】
第1節　現代資本主義システムの構図
第2節　企業行動と権力
第3節　改革の前提条件
第4節　システム改革としての対抗力

第1節　現代資本主義システムの構図

ウィリアム・M・ダッガー（William M. Dugger）は，制度経済学者の現代資本主義分析に見られる共通性と権力（power）概念の意義を次のように述べている。

「ジョン・R・マンカーズ（John R. Munkirs）の集中的に計画化された部門と非計画化部門であれ，ロバート・T・アベリット（Robert T. Averitt）の中心企業と周辺企業であれ，ジョン・K・ガルブレイス（John K. Galbraith）の計画化部門と市場部門であれ，制度経済学者たちは合衆国経済の2つの著しく相異なる部分の区別を強調した。経済の2つの部分の間にある基本的な相違点は，権力である。」[1)]

このダッガーの指摘は，現代資本主義分析に関する制度経済学の基本構造を明確に示したものである。制度経済学者による現代資本主義分析の中で，特にガルブレイスの議論は，この分野における制度経済学の中心的な議論といえる。
ここでは，ガルブレイスの議論を参考に，制度経済学の現代資本分析の特徴

を明らかにしていく。

　制度経済学の現代資本主義分析において，特に重要な要素は権力である。ガルブレイスは，現代資本主義分析における権力の要素の重要性を以下のように述べている。

　　「権力がかくも包括的に経済全体の非常に大きな部分に展開されている以上，ゲーム本位のおしゃべりや，もっと意図的な知的逃避を理由にするならともかく，経済学と政治学とのあいだには，もはや何らの区分もありえないのである。現代企業が市場を支配する力，社会の中で発揮する力，国家に及ぼす支配力，信仰に及ぼす力を獲得しているとき，それは政治的手段であり，形態と程度は違っても，本質においては国家自体と何ら異なるところはない。そうでないと主張すること――現代企業の政治的性格を否定すること――は単に現実からの逃避を意味するだけではない。それは現実を偽ることなのだ。」[2]

　ここで，制度経済学における現代資本主義の構造を整理する。はじめに，生産，消費，そして公共活動のそれぞれの経済主体と経済主体相互の関係について見ていく。制度経済学における生産の主体は，企業である。しかしそれは，新古典派・主流派経済学が想定するような利潤極大化を目的に行動する均質的で抽象的な企業ではない。制度経済学の企業は，所有と経営が分離した巨額の資本力を持って組織化された巨大法人企業（群）と個人経営者による中小企業（群）とに分かれる。

　次に，制度経済学における消費の主体は，消費者である。新古典派・主流派経済学の消費者は，極大満足を得るように合理的に選択的行動をとる独立した個人である。これに対して，制度経済学における消費者は，その社会的経済的地位により異なる消費行動をとる消費者である。すなわち，社会的経済的地位によって具体性を帯びた消費者であり，女性や男性であり，家庭の主婦やキャリアウーマンであり，サラリーマンである。また制度経済学における消費者は，

消費者と関わりを持つ個人や企業や団体などの他者によってその消費行動が影響を受ける存在である。

さらに、公共的活動を行う主体としての政府または国家がいる。新古典派・主流派経済学における政府（国家）は、「市場の失敗」(market failure) を解決するために活動する慈悲深い専制君主的な個人としての政府（国家）である。これに対して、制度経済学における政府（国家）は、行政サービスの提供や経済政策を立案し実行する政治組織（政治家や政党など）および政府官僚組織である。この場合、政府（国家）を動かしているのは、政治家であり政府官僚組織である。

制度経済学では、これらの経済主体である企業、消費者、そして政府（国家）はそれぞれ独立した経済活動を行う存在ではなく、以下で詳述するように、市場支配力などの権力 (power) を持つものとそれに影響されるものとが存在する。

第2節　企業行動と権力

ここでは、ガルブレイスの議論を参考にして、制度経済学の現代資本主義の構造を権力との関係から明らかにする。

現代資本主義の特徴は、少数の巨大法人企業（群）と無数の中小企業（群）との二重構造経済である。政府（国家）と消費者はこれらの企業と相互に関係を保ちながら経済活動を行っている。

ガルブレイスによれば、技術革新と技術の高度化によって以下のような事態が発生する。

① 生産工程の長期化と細分化が進む
② 生産開始時点での固定資本額が増大する
③ 作業時間と資金が硬直化する
④ 技術進歩による専門的人材の必要性が高まる
⑤ 専門家の組織化が必要となる

⑥　計画化が必要となる

このような技術進歩とそれに伴う技術的要請に応えるために，巨大法人企業組織が登場するのである[3]。

現代資本主義分析にとって，ジョン・E・エリオット（John E. Elliott）の分類は，明快である[4]。すなわち，エリオットは権力関係を次の4つの種類に分類している。第1は巨大企業のリーダーシップと一般の消費者と大衆操作の権力関係，第2は巨大企業内部の権力関係，第3は巨大企業と中小企業の権力関係，第4は巨大企業と政府の関係である。

ここでは，エリオットの権力関係の4分類を参考にして，巨大法人企業の行動を見ていく。それは，

(1)　巨大法人企業の行動と中小企業
(2)　巨大法人企業の内部構造
(3)　巨大法人企業の行動と消費者
(4)　巨大法人企業の行動と政府（国家）

である。

(1)　巨大法人企業の行動と中小企業

巨大法人企業（群）は，巨額の資本力を有する製造・販売・運輸・電力および金融の事業を展開する少数の巨大法人企業から構成され，私的財やサービスの半分を提供している。これに対して，中小企業（群）は無数の中小企業と農家から構成されており，小売業・軽工業・サービス業・芸術関連産業などの分野で事業展開する。この中小企業（群）は，国民経済の残りの半分を占めている。

中小企業（群）は，個人経営者によって経営される企業家的企業である。中小企業は企業規模が小さく，経済的環境に対するコントロールは非常に弱く，またその領域も限られたものとなる。巨大法人企業が有するような市場支配力はなく，新古典派的企業に近い性格を有している。したがって，中小企業は基本的に市場機構に依存するので，製品の差別化や地域的独占という形でかろう

じてコントロールを維持できている。

これに対して，巨大法人企業は経済的環境に対するコントロールを広範囲に行い，しかも強力に展開する。巨大法人企業の行うコントロールは，内部金融，垂直的統合，販売促進術，契約の固定化といった巨大法人企業の戦略によって展開されており，企業規模の巨大さから生じる当然の結果といえる。巨大法人企業の行うコントロールと計画化の推進は，調整機能としての市場機構をほとんど無効にしてしまう。

さらに，巨大法人企業は中小企業を支配し，コントロールしようとする。巨大法人企業は中小企業の提供する財の購入者であり，巨大法人企業の提供する財を中小企業は購入する。巨大法人企業にとって，中小企業はコントロールの対象であり，経済環境の一部である。巨大法人企業は自らに有利な価格で中小企業の財を購入するとともに，巨大法人企業は市場支配力を行使して中小企業に自らの財を販売する。

ガルブレイスは，このことを次のように述べている。

> 「市場システム（中小企業）は，計画化システム（巨大法人企業）の支配力が強い価格で買う一方，その製品やサービスの主要な部分を，自分の支配していない価格，計画化システムの市場支配力に屈しているかもしれぬ価格で売る。支配力の配分がこのようになっていれば，ものごとが市場システムより計画化システムに都合よくはこぶのは，断るまでもない。」[5]

このような巨大法人企業の行動は，中小企業との間に所得格差をもたらし，経済的な不平等を生み出すことになる。そして，この経済的不平等は現代資本主義の中に残存することになる。

(2) 巨大法人企業の内部構造

前述したように，巨大法人企業は，中小企業のような個人の企業家によって企業経営が行われている企業とは異なり，企業経営や企業の意思決定に関する

権力は個人の手を離れて,経営者・技術者集団に移行する。ガルブレイスの言葉を借りれば,「テクノストラクチュア」(technostructure) と呼ばれる組織体に移行していく[6]。その場合,この権力の移行を進める要因として,次の2つが挙げられる[7]。

① 多くの専門家の知識や情報を集めたうえでなされた決定が極めて権威あるものとなってきていること
② 巨大法人企業の成長と規模の拡大とともに自然に生じてくること

巨大法人企業の権力を有する組織体である「テクノストラクチュア」について,ガルブレイスは次のようなより具体的な説明を行っている。

「集団によるデシジョン・メーキングに参与するすべての人々,あるいはこれらの人々が形成する組織」[8]であり,「科学者や技師,専門的技術をはじめ,販売,広告,市場取引などにたずさわる者,広報関係の専門家,議会工作係（ロビイスト）,弁護士,さてはワシントンの官僚とその操縦を得意とする連中にいたるまで,さらに,相互間の調整にあたる者やそれぞれの部署の責任者,経営の衝にあたる者まで含めた複合体である。」[9]

このような「テクノストラクチュア」が巨大法人企業において権力を握るということは,資本所有者である株主が企業経営に関する決定を形式的に承認する役割を持つことを意味する。また,取締役会長や社長といった最高経営者も,事実上「テクノストラクチュア」の下した決定を事後的に承諾することになってしまう。

(3) 巨大法人企業行動と消費者

新古典派・主流派経済学では,消費者の消費行動は企業行動からは独立したものである。しかし,現代資本主義の下では,消費者の消費行動は企業行動から独立しているとはいえない。

巨大法人企業は,自らの企業の安定した成長を達成するために,自らが生産

し販売する財の価格を管理し、さらに消費者需要を操作しようとする。巨大法人企業は、テレビなどのマス・メディアを利用した広告・宣伝によって消費者の個別需要を管理し、操作する。このことは、巨大法人企業が消費者需要に対して強い影響力を保持していることを意味する。

> 「誰にもわかりきった管理の手段は広告だが、なかでもとりわけ強力な広告手段はテレビである。テレビを利用すれば、財貨およびサービスの使用者にたいし、事実上その一人ひとりに説得力のあるコミュニケーションができるし、しかもそれには、なんの努力も、教養も、知性も必要としない。」[10]

こうして巨大法人企業はある一定の個別の消費者需要を確保しようと努め、事実、確保するのである。もちろん、ガルブレイスによれば、巨大法人企業の提供する財は、消費者にとって次のような効果を持つものと見なされる。

> 「個人的な成功感を与え、近隣の人々との平等感を与え、ものごとを考えることから心をそらせ、性的欲望に奉仕し、社交面での好評を約束し、健康や福祉や規則的蠕動についての主観的な気持を強め、慣習的な規範により個人的な美しさに役立つとされ、あるいは心理的に何か別の効き目がある。」[11]

(4) 巨大法人企業行動と政府（国家）

新古典派・主流派経済学において、政府（国家）は企業の利害からは独立した中立的な存在である。また、政府（国家）の実行する経済政策についても、公共の利益を確保するために行われているものと見なされてきた。政府（国家）は企業行動とは独立した存在であり、「市場の失敗」の場合において政府（国家）は課税や規制などで企業行動に影響力を持つことになる。

しかし、現代資本主義の下では、政府（国家）は巨大法人企業の行動に影響

される。ガルブレイスによれば,

> 「事実,計画化システム(巨大法人企業)は国家と不可分に結びついている。いくつかの注目すべき点で,成熟した法人企業は国家の一翼をなしている。そして,いくつかの重要な事項に関し,国家は計画化システムの道具である。」[12]

　巨大法人企業において実権を握っている「テクノストラクチュア」は,企業の計画化のための需要の安定,企業の成長,そして有能な人材の確保などを望んでいる。他方,政府(国家)は,経済の安定,経済の成長,教育や科学技術の開発と進歩,そして国防に関心を持っている。これらのいずれの項目も,政府(国家)と「テクノストラクチュア」とは共鳴し,共感し得るものである。このような政府(国家)の目標と「テクノストラクチュア」の目標との適合は,政府官僚組織と「テクノストラクチュア」との間での特別な緊密関係を形成するのに役立つことになる。

> 「政府と民間のどちらの官僚機構のメンバーも,成長によって報いられ,それに伴う昇進,昇給,特別手当,信望と勢力によって報いられる。また一方の官僚機構を太らせるものは,他方のそれをも太らせる。技術開発は……官庁側の官僚機構の自立と成長にとっても,また相手側の民間のテクノストラクチュアにとっても,とりわけ重要である。したがって,この分野では,お互い助け合いが特に際立っている。軍部はしばしば兵器会社の助けを借りて,どういうものをつくりたいかを決め,会社はそれに基づいて開発にとりかかる。お互いに,もちつもたれつである。」[13]

　このような政府官僚組織と「テクノストラクチュア」との緊密な関係を,ガルブレイスは「官僚制的癒着」(bureaucratic symbiosis) という[14]。この場合,その主導権は政府官僚組織の側にあるのか,あるいは巨大法人企業(「テクノス

郵 便 は が き

１６１－８７８０

東京都新宿区下落合２－５－１３

㈱ 税務経理協会

社長室行

料金受取人払郵便

落合支店承認

44

差出有効期間
2012年11月30日
(期限後は切手を
おはりください)

		性別	男性 ・ 女性
お名前	フリガナ	年齢	歳

ご住所	フリガナ
	□□□-□□□□

TEL	
E-mail	
ご職業	1. 会社経営者・役員 2. 会社員 3. 教員 4. 公務員 5. 自営業 6. 自由業 7. 学生 8. 主婦 9. 無職 10. その他（　　　　　　　　　　　　　　　）
ご勤務先・学校名	

部署		役職	

ご記入の感想等は，匿名で書籍のＰＲ等に使用させていただくことがございます。
使用許可をいただけない場合は，右の□内にレをご記入ください。　　　□許可しない

愛読者カード

この度は、弊社発行の書籍をご購入いただき誠にありがとうございます。
今後の資料とさせていただきますので、ご意見・ご感想などをお聞かせください。
また、正誤表やリコール情報等をお送りさせて頂く場合もございますので、
E-mail アドレスとご購入図書名をご記入ください。

ご購入 図書名	

Q1　本書を何でお知りになりましたか？
　1．書店で見て
　2．新聞広告（朝日・読売・日経・その他 [　　　　　　　]）
　3．新聞・雑誌の書評・紹介記事（紙誌名　　　　　　　　　）
　4．弊社ホームページ　　　5．人にすすめられて
　6．インターネット　　　　7．図書館
　8．その他（　　　　　　　　　　　　　　　　　　　　　　）

Q2　ご興味のある分野をお聞かせください。
　1．経営　　　2．経済・金融　　　3．財務・会計
　4．流通・マーケティング　　　　　5．株式・資産運用
　6．知的財産・権利ビジネス　　　　7．情報・コンピュータ
　8．その他（　　　　　　　　　　　　　　　　　　　　　　）

Q3　本書をお読み頂いてのご意見・ご感想をお聞かせください。

ご回答いただいた情報は、弊社発売の刊行物やサービスのご案内と今後の出版企画立案の参考のみに使用し、他のいかなる目的にも利用いたしません。なお、皆様より頂いた個人情報は、弊社のプライバシーポリシーに則り細心の注意を払い管理し、第三者への提供、開示等は一切いたしません。

トラクチュア」）の側にあるのか，はどちらともいえない。しかし，巨大法人企業（「テクノストラクチュア」）の行動が政府官僚組織の行動と合致していることは明らかである。

第3節　改革の前提条件

　現代資本主義システムにおいて，巨大法人企業の行動は，中小企業，消費者，そして政府（国家）に影響力を行使している。このように経済活動全般に対して，巨大法人企業の行動が影響力を及ぼすような経済システムは望ましいものではない。

　このような巨大法人企業の権力（市場支配力や影響力）は制限され，抑制される必要がある。そのためには，政府（国家）がその機能を果たす必要がある。

　しかし，現代資本主義システムの下では，政府（国家）および政府官僚組織と巨大法人企業（「テクノストラクチュア」）との間に緊密な関係がある。そこで，政府（国家）はこの緊密な関係を断ち切り，公共目的のためにその権限を行使すべきである。

　そのためには，現代の資本主義システムを改革することが必要になる。

　ここで，現代資本主義システムを改革する前提条件として，ガルブレイスが提示する3つの条件を検討する。それは，(1)信条の解放，(2)女性の解放，そして(3)国家の解放である。

(1) 信条の解放

　信条の解放とは，「巨大法人企業（「テクノストラクチュア」）の目的が公共目的に貢献している」という信条から，人々が解放されることである。そのためには，次のことを認識する必要がある。すなわち，ａ）現在の経済学教育が巨大法人企業の目的に役立っていること，ｂ）現在の教育制度が巨大法人企業に奉仕する学問分野を尊重する傾向があること[15]，ｃ）巨大法人企業の提供する宣伝・広告を疑ってかかること，そしてｄ）政府官僚や「御用学者」の発言は

巨大法人企業の活動を支持するものであること，である。

さらに，巨大法人企業の目標と公共目的および社会目標とは異なったものであること，を認識することが必要である。これは「公共性の認識」(public cognizance) として，ガルブレイスが重視していることである。

(2) 女性の解放

これまで，女性の家事労働は「つごうのよい社会的美徳」(convenient social virtue) として，社会の中で価値ある美徳と見なされ評価されてきた。女性の解放とは，家事労働に従事させられてきた女性を家事労働から解放し，女性に雇用の機会を与えることである[16]。専門的な託児所を設置し，女性の労働時間を柔軟にして女性の選択に任せること，女性の企業幹部への昇進の機会を拡大すること，そして女性に教育の機会を与えることによって，女性の解放はより容易になる。この女性の解放は，女性の社会進出と女性の社会的地位の向上につながるだけでなく，家庭における消費パターンを変えることになる。

> 「女性がもはや消費に手間をかけなくなり，そのため家事を最小限度に抑えねばならなくなってくると，財貨からサービスへの大幅な経済の移行が起こらざるをえなくなる。このことは，それと手をたずさえて，計画化システム（巨大法人企業）から市場システム（中小企業）への経済の移行が始まることを意味する。」[17]

女性の解放によって，巨大法人企業によって提供される大量に生産され販売される財の消費から，中小企業の提供する個別化した生活に密着したサービスの消費へと広がりをみせることで，中小企業の活動を支援することになる。

(3) 国家の解放

国家の解放とは，巨大法人企業（「テクノストラクチュア」）と「官僚制的癒着」の関係にある国家を巨大法人企業の目的のためにではなく，公共目的のた

めに活動する国家につくり直すことである。

> 「国家を公共目的のために更生させることによってはじめて，国家の行動を必要とする……改革を具体的に考えることが可能となる。」[18]

　国家の解放とは，公共目的のために活動する「公共国家」（public state）を実現することを意味する。

　国家を「公共国家」として再生させるためには，まず人々が「公共性の認識」を身につけ，公共目的のために活動する政治集団を形成することが必要である。それは，民主主義政治システムを通してのみ実現できることであり，そのための組織化が欠かせないからである。また，議員の再選を原則として禁止し，「公共性の認識」を前面に打ち出した議員に限って例外的に再選を認めるという政治制度（選挙制度）の改革が必要である。この再選禁止の措置は，その時その時の国民の意思を立法府に反映することになる。また現行制度の下で選出された巨大法人企業の利益にかなった行動をとる議員を立法府から排除することになると考えられるからである。さらに，このことは官僚の言いなりになる議員が少なくなることをも意味する。

第4節　システム改革としての対抗力

　巨大法人企業が市場支配力や影響力といった権力を掌握し，消費者などの経済主体や中小企業に対してその権力を行使している現代資本主義の状況について，ガルブレイスなどの制度経済学者は望ましい状況ではないと見ている。そこで，現代の資本主義を組織的に改革して，巨大法人企業の権力を制限し抑止することが必要である。しかし，いったん備わってしまった巨大法人企業の権力は容易には制限することができない。

　そこで，巨大法人企業の側にではなくその権力を受ける側に，すなわち，中小企業や消費者の側に，そして巨大法人企業内では「テクノストラクチュア」

と対抗する一般労働者の側に，対抗できるための権力を強化する改革が考えられる。これは，制度経済学特有の改革であり，「対抗力政策」と呼ばれるものである。

この「対抗力政策」として，ガルブレイスが提示する中小企業の権力強化策は，次の6項目である。

① 中小企業を独占禁止法から適用除外すること
② 中小企業の提供する財の価格と生産量は政府が直接規制すること
③ 中小企業の労働組合を強化すること
④ 最低賃金水準を引き上げること
⑤ 国際商品の仕組みを検討し，中小企業の関税保護についても検討すること
⑥ 中小企業の必要とする教育，資本，科学技術について政府が強力に援助すること

これらの改革の中でその基礎となるものが，中小企業経営者と自営業者の組織化，最低賃金制の強化とその活用，そして労働組合の強化と組織化である。

他方，巨大法人企業内では，企業の実権を握っている「テクノストラクチュア」と一般労働者の間に所得の不平等が生じる。この不平等を解消する方法として，累進的所得税率の引上げなどの強化策と政府による資金と価格のコントロールがある[19]。具体的には，報酬の平均額と最高額との格差の最高限度をあらかじめ決めておき，一般労働者と「テクノストラクチュア」との所得格差を限度内におさめることができるようにすることが考えられる。所得は市場機構によって決められるものではなく，職種や役職，伝統や慣例，そして企業内の権力構造の反映として成立しているものであるから，所得格差を縮小することそれ自体が目標とならなければならない。

さらに，医療施設や医療サービス，福祉施設や福祉サービス，住宅，教育，交通などは社会的ニーズが高く，国民生活において重要であるにもかかわらず，民間企業による提供には限界があり，その提供は不足している。これらの分野は，政府の公有制による運営によってその提供を図ることが必要である。これ

は，ガルブレイスによって「新しい社会主義」(new socialism) [20] として提案されたものである。

次に，巨大法人企業と消費者との関係を是正する方策としては，前述した改革の前提条件としての(1)信条の解放と(2)女性の解放および「公共性の認識」がある。消費者自身が巨大法人企業の目的と公共目的とは異なることを認識し，巨大法人企業の提供する財に依存する消費パターンを変換させること自体が，巨大法人企業の持つ権力を相対的に弱める結果になると考えられる。

これらの改革は，主として，巨大法人企業そのものの権力の抑制または制限を目的にしたものではなく，その周辺の権力，あるいは対抗する権力を強化し，育成しようとしたものである。現代の資本主義システムが抱える問題を解決する鍵は，あくまでも権力関係の変更，すなわち権力の均等化にあるということになる。

制度経済学では，現代資本主義システムの下で巨大法人企業が登場することは技術進歩の当然の結果であり，経済が技術進歩に伴って変化していくことは自然の成り行きである。市場機構を過度に信頼し，巨大法人企業を新古典派的市場観の中で捉えようとすることは，現代資本主義システムの構造の理解を誤らせるとともに，巨大法人企業の行動をかえって容認し，弁護する結果になる。さらに，このことは現代資本主義システムにおける巨大法人企業と消費者，労働者，中小企業，そして政府（国家）との間に存在する権力構造の問題を隠蔽する結果になる。

ところで，多くの先進諸国では，新古典派的市場観に基づく自由競争的な市場経済化に向けた取組みがなされてきた。公有企業の民営化や規制緩和・規制撤廃によって市場での競争が激化し，巨大法人企業はさらなる再編を行って大規模化を加速化させている。また，労働市場での雇用形態に変化が生じ所得格差や不平等が拡大し，中小企業の抱える問題もより深刻化している。

このような状況を正しく把握し，適切な政策を立案し実行するためには，現代資本主義システムの構造的な解明は避けられない。制度経済学はこのような認識に立っているからこそ，資本主義システムへの改革に踏み込むことができ

るのである。

(注)
1) Dugger, William M. (1989), "A Research Agenda for Institutional Economics", in Dugger, William M. ed. (1989), *Radical Institutionalism : Contemporary Voices*, Greenwood Press, p.108.
2) Galbraith, John K. (1979), *Annals of an Abiding Liberal*, Houghton Mifflin. 都留重人監訳（1980）『ある自由主義者の肖像』ＴＢＳブリタニカ, p.474.
3) Galbraith, John K. (1978), *The New Industrial State*, 1967, Houghton Mifflin. 都留重人監訳（1980）『新しい産業国家』第３版, ＴＢＳブリタニカ
4) Elliott, John E. (1984), "The Institutional School of Political Economy", in Whynes, David K. (1984) ed., *What is Political Economy ?*, Basil Blackewell, pp.78−82.
5) Galbraith, John K. (1973), *Economics and Public Purpose*, Houghton Mifflin. 都留重人監訳（1980）『経済学と公共目的』ＴＢＳブリタニカ, pp.68−69. なお、訳書では「市場体制」および「計画化体制」となっている語句は、英語の system を忠実に訳して「システム」とした。また、（ ）は筆者が補ったものである。以下の引用は、同様に表記する。
6) Galbraith, 前掲書（1978）第５章
7) Galbraith, 前掲書（1973）pp.111−113.
8) Galbraith, 前掲書（1978）p.98.
9) Galbraith, 前掲書（1973）p.108.
10) Galbraith, 同上書 p.184.
11) Galbraith, 前掲書（1978）p.278.
12) Galbraith, 前掲書（1973）pp.405−406.
13) Galbraith, 前掲書（1978）p.191.
14) Galbraith, 同上書 p.191.
15) ガルブレイスは、科学、技術、経済、法律などは実際に役立つ学問とされ、芸術教育は役立たないものとされていると指摘する。Galbraith, 前掲書（1973）p.304.
16) Galbraith, 同上書第23章
17) Galbraith, 同上書 p.320.
18) Galbraith, 同上書 p.295.
19) ガルブレイスは、その平等化策として労働組合の強化も考えているが、巨大法人企業内でのその効果はあまり期待できないと予想している。Galbraith, 同上書 pp.355−362.
20) これは「経済の領域において"権力の座"を求めず、弱い者を守る立場に立つ社会主義」である。Galbraith, 同上書 p.373.

【その他参考文献】

〔1〕 Bowles, Samuel, Edwards, Richard C. and Shepherd, William G., eds. (1989), *Unconventional Wisdom : Essays on Economics in Honor of John Kenneth Galbraith*, Houghton Mifflin.
〔2〕 Buchholz, Todd G. (1989), *New Idea from Dead Economists*, Penguin Books. 上原一男・若田部昌澄訳（1991）『テラスで読む経済学物語』日本経済新聞社
〔3〕 Dugger, William M., and Waller Jr., William T., ed. (1992), *The Stratified State : Radical Institutionalist Theories of Participation and Duality*, M. E. Sharpe.
〔4〕 Foster, John (1991), "The Institutional (Evolutional) School", in Mair and Miller eds., 〔13〕
〔5〕 Frey, Bruno S. (1978), *Modern Political Economy*, Martin Robertson. 加藤寛監訳（1980）『新しい経済学－ポリティコ・エコノミクス入門－』ダイヤモンド社
〔6〕 Galbraith, John K. (1983), *The Anatomy of Power*, Houghton Mifflin. 山本七平訳（1984）『権力の解剖』日本経済新聞社
〔7〕 Galbraith, John K. (1984), *The Affluent Society*, 1958, Houghton Mifflin Co. 鈴木哲太郎訳（1990）『ゆたかな社会』第4版 岩波書店
〔8〕 Gruchy, Allan G. (1974), *Contemporary Economic Thought : The Contribution of Neo-Institutional Economics*, Augusts M. Kelley.
〔9〕 Gruchy, Allan G. (1978), "Institutional Economics : Its Influence and Prospects", *The American Journal of Economics and Sociology*, Vol. 37, No. 3, July.
〔10〕 Gruchy, Allan G. (1990), "Three Different Approaches to Institutional Economics : An Evolution", *The Journal of Economic Issues*, Vol. 24, No. 2, June.
〔11〕 Hodgson, Geoffrey M. (2001), "From Veblen to Galbraith", in Keaney, ed., 〔12〕
〔12〕 Keaney, Michael (2001) ed., *Economics with a Public Purpose : Essays in Honour of John Kenneth Galbraith*, Routledge.
〔13〕 Mair, Douglass, and Miller, Anne G. eds., *A Modern Guide to Economic Thought*, Edward Elgar.
〔14〕 Samuelson, Paul A. (1976), *Economics*, Magraw-Hill Book Company. 都留重人訳（1977）『経済学』上・下 岩波書店
〔15〕 Stanfield, James R. (1996), *John Kenneth Galbraith*, Macmillan.
〔16〕 Tool, Marc R. and Samuels, Warren J., eds. (1989), *The Economy as a System of Power*, Transaction Publishers.
〔17〕 Tool, Marc R. and Samuels, Warren J., eds. (1989), *State, Society and Corporate Power*, Transaction Publishers.
〔18〕 Tsuru, Shigeto (1993), *Institutional Economics Revisited*, Cambridge University Press. 中村達也・永井進・渡会勝義訳（1999）『制度派経済学の再検

討』岩波書店
〔19〕 加藤寛・五井一雄・小松雅雄・高柳暁・野田稔編集(1978)『経済政策論を考える』勁草書房
〔20〕 加藤寛(1994)「J・K・ガルブレイス-資本主義の暴走を憂う-」日本経済新聞社編〔22〕所収
〔21〕 中村達也(1988)『ガルブレイスを読む』岩波書店
〔22〕 日本経済新聞社編(1994)『現代経済学の巨人たち-20世紀の人・時代・思想-』日本経済新聞社

第5章

現代消費行動の理論

【本章の構成】
第1節　消費主体としての消費者
第2節　現代資本主義システムと消費行動
第3節　見栄と消費
第4節　消費の複合効果
第5節　現代消費行動論の意義

第1節　消費主体としての消費者

　新古典派・主流派経済学における消費行動の理論では，所与の需要関数の下で極大満足が得られるように，消費者は合理的に選択的な行動をとるものとされている。その際，消費者は自らの必要性あるいは欲望に従って，どのような財やサービスをどのくらい消費するかを自分自身で決定する。その場合，消費者の選好形成は内生的なものであり，他人の意見や他人の選好などの外的要因によって影響されることはないものと仮定されている。すなわち，消費者の需要はまさに消費者自身の必要と欲望から生じるものと解されている。

　これに対して，制度経済学の消費行動論における消費者は新古典派・主流派経済学のような経済人として行動する消費者ではなく，消費者本人以外の他者との関係あるいは消費者を取り巻く外的要因との関係，言い換えれば消費者が置かれている社会経済状況や消費者が関係を持つ人々，あるいはその消費者の社会的経済的地位との関わりによって消費行動が影響される消費者である。すなわち，このことは消費者の消費に関する意思決定と行動は，本人だけでなく他者または外的要因に依存することを意味する。またこのことは，消費者がど

のような存在としてそこにいるのかによって，消費行動が変化することを意味する。

その意味では，制度経済学の消費主体としての消費者はさまざまな顔を持っている。消費者の消費行動は，消費者自身の社会的経済的地位に依存する。男性であるのか女性であるのか，あるいはサラリーマンであるのか家庭内の主婦であるのか，あるいは高額所得者であるのか低所得者であるのか，などによってその消費行動は変化するといえる。このことは，新古典派・主流派消費理論とは異なる点であり，制度経済学の消費理論の独自性といえるものである。

第2節　現代資本主義システムと消費行動

制度経済学における現代資本主義の下での消費理論を最も的確に示している経済学者として，ジョン・K・ガルブレイス（John K. Galbraith）がいる。

ガルブレイスの議論は，消費者が置かれている社会経済状況とその社会的経済的地位によって消費行動が影響されることを的確に示している。

はじめに，消費者が置かれている社会経済状況について見ていく。その社会経済状況とは，まさに消費者が生活を営んでいる現代の資本主義である。

現代の資本主義の特徴は巨大法人企業（群），すなわち，ガルブレイスの言葉を借りれば，「計画化システム」（planning system）が，現代資本主義のさまざまな部門で権力を行使し，支配的な地位を有していることである。この点に関しては，第4章において詳しく述べている。

巨大法人企業（群）は，自らの企業の安定した成長を達成するためにさまざまな計画化を推進する。その計画化の1つとして，巨大法人企業（群）による組織的かつ計画的な形での価格の管理がある。すなわち，巨大法人企業（群）にとって有利な価格設定を行い，そしてその価格で自らの提供する財を販売することである。このことは，新古典派・主流派経済学の前提とする完全競争市場観とは明らかに異なるものであり，その意味では，制度経済学の市場観は独占的または寡占的要素の強い市場観であることを意味する。この価格の管

理は，巨大法人企業（群）において支配的な地位を確立している経営者・技術者集団，すなわちガルブレイスの言葉を借りれば「テクノストラクチュア」（technostructure）の地位の安定と安全を図り，しかも「テクノストラクチュア」の持ついくつかの目標を計画的に達成させるためのものである。

さらに，価格管理以外のもう1つの計画化の手段として，消費者需要の管理がある。

たとえ巨大法人企業（群）が価格管理に成功したとしても，消費者は巨大法人企業（群）によって管理された価格で，それらが提供する財を必ずしも購入するとは限らない。消費者が管理された価格で財を購入しないという事態に陥れば，巨大法人企業（群）および「テクノストラクチュア」の目標は挫折せざるを得ないであろう。このような事態を避けるためには，巨大法人企業（群）は価格の管理と同時に，消費者需要の管理に乗り出すのである。

「需要の管理の鍵は最終消費者，すなわち個人および国家の購入を有効に管理することにある。もしこれらが有効に統制されているならば，原料，部品，機械，ならびに最終製品をつくるために必要なその他の品目にたいする比較的安定した需要が存在することになろう。」[1]

巨大法人企業（群）による消費者需要の管理は，それ自体巨大法人企業（群），すなわち生産の側からの技術的要請によって生じたものということができる。

それでは，この消費者需要の管理はどのような形で展開されるのであろうか。それは，マスメディアを通じての広告・宣伝の形をとる。特に，テレビの持つ効果は大きい。

「テレビを利用すれば，財貨およびサービスの使用者にたいし，事実上その一人ひとりに説得力のあるコミュニケーションができるし，しかもそれには，なんの努力も，教養も，知性も必要としない。しかし，個人消費者の管理には，販売関係のスタッフや販売網を広げていくことも含まれる。

また，消費者はどんなものに，どうすれば，どんな値段でなら，買う気を起こすかを確かめるため，市場調査やテストも盛んに行われる。」2)

　このようにして，巨大法人企業（群）は安定した消費者需要の確保と新しい消費者需要の創出に取り組むのである。
　もちろん，巨大法人企業（群）による需要の管理は，テレビなどのマスメディアを通じての消費者需要の管理につきるわけではない。巨大法人企業（群）の需要管理は，消費支出の裏づけとなる所得水準の管理にまで及ぶ。すなわち，総需要の望ましい水準の維持は，計画化にとって重要なウェイトを占めている3)。総需要の安定およびそれと関連した経済の成長は，一般に「望ましい」という社会通念があり，大衆消費者の支持を得やすい。しかも，それが国家目標となっている場合には巨大法人企業（群）と政府官僚組織との結びつきも容易である。
　ところで，巨大法人企業（群）による消費者需要の管理という，生産の側からの技術的要請が障害なく達成されるためには，巨大法人企業（群）が提供する財の質と種類が消費者の欲望を満たすものでなければならない。さらに，消費者の側で，ある一定の条件が準備されていなければならない。
　ガルブレイスによれば，巨大法人企業（群）の提供する大部分の財は，その財の欠乏からくる不快感によってではなく，その財の所有によって得られる心理的満足に応えたものになっている。物質的な豊かさを享受している現代資本主義の下では，飢えを防ぎ，寒さを凌ぎ，風雨に耐えるといった人間の生存に直接関わるような，すなわち衣食住に直接結びついた最低限度の生活に必要な財は，すべての財生産の中でその役割を大きく低下させている。このような中で，ガルブレイスは巨大法人企業（群）の提供する財の持つ性格を次のように説明する。

　「それらの財貨は彼に個人的な成功感を与え，近隣の人々との平等感を与え，ものごとを考えることから心をそらせ，性的欲望に奉仕し，社交面で

の好評を約束し，健康や福祉や規則的蠕動についての主観的な気持ちを強め，慣習的な規範により個人的な美しさに役立つとされ，あるいは心理的に何か別の効き目があると見なされるのである。」4)

ところで，巨大法人企業（群）の行う広告・宣伝を中心とした販売戦略が実効あるものとなるためには，消費者の側にある一定の条件が準備されていなければならない。すなわち，消費者の欲望の中に広告・宣伝等を受け入れる余地が十分に用意されていなければならない。

飢えや寒さなどの肉体的苦痛を直接伴うような生活状態，すなわち生存それ自体が切迫した生活状態にある人間は，他人からいかなる説得を受けようとも，彼が欲しているものは何かに関して，絶対的にゆるがないものである。彼にとって必要なものは生存を維持するための食事であり，衣服であり，住まいであることは自明である。そのため，消費に関する他者からの説得は無意味であり，効果はない。これに対して，飢えや寒さなどの肉体的苦痛とは無縁の生活をしている人間，すなわち生存の不安から解放された生活を送っている人間には，他者からの説得を受け入れる傾向がある。

「本当に飢えている人は，食物の必要について聞かされる必要はない。彼が食欲を感じていれば，バテン，バートン，ダースティン，オズボーンなどの宣伝会社の影響に動かされることはない。不自由する物がなくて，何が不足しているかわからないような人に対してのみ，宣伝は有効にはたらくのだ。このような状態にある人だけが説得に耳をかすのである。」5)

したがって，「人間が肉体上の必要から遠ざかれば遠ざかるほど，彼は自分が何を購入するかについての説得－あるいは管理－をますます受けつけやすくなるだろう。これはおそらくは，ますます豊かになりつつある社会を対象とする経済学にとって，最も重要な帰結である。」6) と，ガルブレイスは結論づける。

こうして物質的な豊かさを享受している人間ほど，説得を受け入れやすいのであり，そのような傾向は以前には少数の富裕階級（上流階級）に限られていた。
　しかし，今日のように多くの大衆が豊かであるような社会においては，説得は社会全体に及び，消費者需要を管理する手段としてテレビなどのマスメディアが重要な役割を果たすことになる。すなわち，多くの先進諸国が「ゆたかな社会」であるがゆえに，巨大法人企業（群）による消費者需要の管理が可能となるのである。
　ところで，巨大法人企業（群）による需要の管理がなかったならば，事態はどのように変化したであろうか。増大する豊かさの中で，人々は徐々に，より多くの財の取得に対して消極的な態度に，あるいはマイナスの態度に出たかもしれない。また他人に対して，新製品の利点を押しつけるようなこともしなかったかもしれない。こうして，結果的には，人々の消費性向は低下し，より多くの財を得るための労働をやめてしまうかもしれない。
　このような事態は，巨大法人企業（群）の成長を阻害するものとなる。したがって，巨大法人企業（群）の成長目標実現のためには，常により多くの財が必要とされ，それゆえに，所得，支出，労働のそれぞれの面で巨大法人企業（群）の望む行動をとってくれる消費者を創りあげるために，広告・宣伝その他の販売戦略が重要な役割を果たすのである。
　現代資本主義の下では，巨大法人企業（群）がテレビなどのマスメディアを利用した広告・宣伝などによって，消費者需要を管理している。さらに，消費者の生活水準が向上して生存という切迫した生活状態から解放されている場合，消費者の欲望は物質的な豊かさのゆえに，生存にかかわる肉体的な必要性に直接結びつく財に対する欲望からそれ以外の財への欲望へとその幅が広がっていく。

　「消費者から市場へ，市場から生産者へと流れるこの一方的な指示の流れは，『公認の因果連鎖』（accepted sequence）といってさしつかえなかろう。
　このような因果連鎖が妥当しないことはすでにみたとおりである。それ

どころか，われわれがいま際立った形で叙述した恐るべき機構は，この連鎖を逆転させる方法と誘因を含んでいるのだ。……公認の因果連鎖はもはや現実をいいあらわしたものでなくなり，ますます現実から遊離したものになっていく。それに代って，生産企業がその支配を目ざして進み，さらには，外面上それが奉仕する人びとの市場行動を管理し，社会通念を形づくるまでにいたるのだ」[7]

このように，ガルブレイスは「需要が供給を創り出す」というジョン・M・ケインズ（John M. Keynes）以来主流派経済学において最も基礎的な概念として受け入れられてきた「公認の因果連鎖」は，企業という生産者の側が消費者需要を操作し創出するという「新しい時代の因果連鎖」（revised sequence）に転換した，と見ているのである。消費者の欲望は，消費者自身の内生的欲望からというよりも巨大法人企業（群）が展開する広告・宣伝などの販売戦略に，すなわち，生産の主体である企業側に依存するということから，ガルブレイスはこの因果連鎖の転換を「依存効果」（dependence effect）[8]と名づけている。

ところで，現代資本主義における消費者行動には，消費者の社会的経済的地位に特有の行動がある。それは，「社会化された不合理性」（socialized irrationality）という概念から説明できる[9]。「社会化された不合理性」とは，現代の資本主義社会のような階層分化が存在する社会の中で，所得や富や社会的経済的な地位で下層に属する人々が，その社会の中で下層にいるという不合理なことを甘んじて受け入れてしまうことをいう。これらの人々は，本来であれば，経済社会システムの持つ内在的問題を自覚し，問題を解決するための経済社会改革に向かう主体的役割を担うことになるものと期待できる。ところが，そのような主体的行動に向かうことなく，これらの人々は下層にあるという不合理を受け入れて行動することになる。

この「社会化された不合理性」と消費行動との関連を端的に示す例として，低所得者層あるいは中所得者層の消費行動をあげることができる。低所得者層あるいは中所得者層に属する勤労者は，常用雇用や一時雇用などである。彼ら

は現代資本主義システムの中で，自らの社会的経済的地位が今後急速に向上し高額の所得を得る可能性は少ないものと考えている。そのため，現在の自らの社会経済的な地位と現行の所得に少なからず不満を抱きながらも，安定した生活を維持することにつとめ，高所得者層の消費行動を模倣することで満足を得るような傾向を持つ。広い芝生のある庭付き一戸建て住宅の取得よりも，賃貸集合住宅に住みながら高級乗用車の消費に向かうといった消費行動や食費などの生活費への支出を抑えながらバッグや靴などの高級ブランド品の購入に所得の大半を支出するといった消費行動は，その現れといえる。

　本来，所得階層の分化または所得格差の拡大は現代資本主義システムの内在的な問題であり，そのことを意識し改革する主体として期待できる人々は，低所得者層や中所得者層である。しかし，現代資本主義システムにおける所得階層の分化または所得格差の問題を解決するためには，資本主義システム全体の改革に関わる制度改革や再分配政策の実効ある政策変更を伴う。そのため問題解決のためには，多くの時間とエネルギーを必要とする。このことは，改革の主体としてその役割が期待できる低所得者層や中所得者層を改革に向かわせることなく，かえって現状維持へと向かわせることになるのである。

第3節　見栄と消費

　消費者の置かれている社会的経済的地位が消費行動に影響を及ぼす消費理論として，「顕示的消費」(conspicuous consumption) がある。これは，制度経済学の創始者ソースティン・ヴェブレン (Thorstein Veblen) によって明示されたものである。

　奴隷制社会や封建制社会のような階級社会あるいは身分制社会において，苦痛を伴う生産的労働から免除されている有閑階級 (leisure class) または上流階級の行う財貨の獲得および財貨の消費は金銭上の見栄の要求からなされる。有閑階級（上流階級）は他者に対して，金銭的な実力を誇示する努力が必要となり，富や財産の蓄積が行われる。ヴェブレンの言葉を借りれば，略奪的な生活

習慣から半平和愛好的な段階へ，そして後期平和段階へと時代が進むにつれて，なお一層このような傾向は強まる。

「当初はたんなる能率の証拠と見なされていた富の所有が，大衆の理解においては，それ自体で賞賛に値する行為になってくる。いまや，富それ自体が本来的に尊敬に値するものであり，その所有者に名誉を与えるのである。」[10]

こうして有閑階級（上流階級）は，生活を維持するのに必要な最小限度以上の財貨を消費するだけでなく，他者との比較において，より高価なもの，より高貴なもの，すなわち一般に贅沢品といわれるものを消費する。このような金銭的見栄の要求から行われる消費を，ヴェブレンは「顕示的消費」(conspicuous consumption) と呼んでいる。

ヴェブレンの言うところの「顕示的消費」とは，次の2つの要素から成り立っている。第1の要素は，その消費主体は階級社会における有閑階級（上流階級）であること。そして，その地位は「顕示的消費」を行うだけに十分なほどに富と財力を有していることを保証するものである。第2の要素は，見栄の欲求である。すなわち，他者に対して，自分が金銭的にも，あるいは社会的・経済的にも優れていることを見せびらかしたいという欲求である。

さらに，有閑階級（上流階級）は富の保有と財力を見せびらかすための行動として高価な財貨を消費だけでなく，自らが苦痛を伴う労働に時間を費やすのではなく，娯楽を含めた自由のために使える時間を有していることを他者に誇示するのである。ヴェブレンは，これを「顕示的閑暇」(conspicuous leisure) と呼んでいる。レジャーとしての狩りや社交としてのダンスや行楽などはこの現れである。このような有閑階級（上流階級）に見られる消費と閑暇を合わせて，ヴェブレンは「顕示的浪費」(conspicuous waste) と呼ぶ。

第4節　消費の複合効果

　この「顕示的消費」行動は，後期平和段階であるところの現代資本主義においては，もはや有閑階級（上流階級）のみに限定された消費行動ではなく，ごく一般的に見られるようになる。現代の資本主義においては，人々は社会的かつ法的に平等な関係に置かれている。このような場合でも，名声を博することは大きな効用をもたらす。ヴェブレンによれば，自分が金銭上の名声を博するためには，不特定多数の人間に対して有効な行動が求められる。それは，次のようなものである。

　「日常生活における冷淡な観察者たちに，自らの金銭的能力を印象づけるために利用しうる唯一の手段は，たえず支払能力を見せつけることなのである。また現代社会では，個人的な日常生活については何も知らない人々の大集会，たとえば教会，劇場，舞踏場，ホテル，公園，店舗等々にしばしば行く機会がある。このような行きずりの観察者たちに感銘を与え，こうして彼らの目の前でいつまでも自己満足をもち続けるためには，金銭的な力の証明は，行き交う人々が判読可能な文字で書かれている必要がある。したがって，現在の発展の傾向が閑暇よりも顕示的消費の効用を高める方向にあることは，確かなのである。」[11]

　ヴェブレンの言う略奪的な生活習慣から半平和愛好的な段階までの階級社会または身分制社会に見られる「顕示的消費」は，有閑階級（上流階級）の持つ巨額の富と財力によって裏づけられたものであり，「顕示的消費」の主体は有閑階級（上流階級）であった。

　ところが，後期平和段階としての現代資本主義の下では，「顕示的消費」はその様相を変えることになる。すなわち，階級社会または身分制社会において富と財力に裏づけられた有閑階級（上流階級）に特有の消費行動として現れた「顕示的消費」は，富や財力のような裏づけを持たない「見栄」そのものが前

面に現れる消費行動へと変化し，大衆化してきた。このことは，前述した「社会化された不合理性」と関連している。現代資本主義の下で，高所得者層あるいは巨額の富と財力を有している富裕層には，明らかに階級社会における有閑階級（上流階級）と同様の「顕示的消費」の行動が見られる。そこには，先に示した「顕示的消費」の2つの要素が含まれている。

　その一方で，所得や富の裏づけを持たない「見栄」だけが前面に出た消費行動としての「顕示的消費」が，低中所得者層に見られる。「顕示的消費」の第2の要素のみが顕著に現れた消費行動である。低中所得者層に見られる高級乗用車の購入や高級ブランドのバッグや靴などの購入，さらには自らの美貌とスタイルのよさを誇示するための化粧品や衣装の購入はこれにあたると考えられる。このような消費行動は，さらなる所得と富の獲得をあきらめた，別の表現を用いれば，より上層の階層へ進むという目標をあきらめた（あるいは意欲をなくした）ことによる消費行動と見ることができる。

　もちろん，このような「顕示的消費」行動が行われること自体は，たとえ低中所得者層といえども，ある一定の所得は確保されているということができるのである。

　これまで見てきたように，現代の資本主義における「顕示的消費」の特徴は次の2つである。

　第1に，「顕示的消費」の主体が有閑階級（上流階級）から一般大衆へと広がりを見せたことである。

　第2には，有閑階級（上流階級）の持つ富や財力の誇示から低中所得者層の「見栄」の強調への変化である。

　ところで，この「顕示的消費」は消費主体としての消費者が他者を意識してなされたものであるが，それは広告・宣伝によってより強調され，助長される傾向を持つ。企業は高級な財に関する広告・宣伝によって消費者の見栄の欲求を助長するとともに，広告・宣伝を通してあらかじめ高級な財の取得に対する他者の評価を消費者に伝えることで，消費者を「顕示的消費」に向かわせる。

　さらに，優等財との接触から，その財の購入が誘発されることがある。ジェ

イムズ・S・デューゼンベリー（James S. Duesenberry）は，優等財との接触がより多くの消費支出を誘発することを「デモンストレーション効果」（demonstration effect）12) と呼ぶ。日常の慣例化した消費行動の中で，自らが保有している財とは異なる他の優等財の存在が示されることによって，人々は自らが保有する財に対する消費に関して不満を抱くようになる。そして，人々は新たに示された優等財に対する欲求を強めていき，その財を取得することによって満足を得るようになる。

> 「友人の新しい車を見たり，あるいは自分のよりも立派な家屋や部屋を見たりすると，どのような反作用が生まれるか，その反応はおそらく，自分自身の家や車に対する不満の感情であろう。この感情が十分頻繁に生じるならば，この感情を排除しようとする行動，すなわち，支出の増加が誘導されるであろう。」13)

このような消費行動は，消費者が置かれている経済社会状況と関連している。われわれが生活している経済社会の目標の1つとして，生活水準の向上を挙げることができる。このような目標は，人々の自尊心に対して優等財の獲得に対する衝動を呼び起こすのである。それはまた，より高い社会的経済的地位への欲望を創り出すのである。こうして他人と自分とを比較する中で，生活水準の低さから生じる劣等感を通して，このような優等財に向かう消費行動が現れる。

> 「ある最低所得水準が達成されて後は，一個人にとっての支出増加への衝動の頻度と強さとは，彼の支出と彼が交際する人々の支出との比率に全く依存する。」14)

すなわち，

「消費への衝動を惹き起こす力を分析してみると，この力は，一個人がその生活水準を他のだれかの生活水準と比較してこの好ましくなかった場合に生じることがわかる。これらの衝動をはね除けなければならない場合には，その個人は彼の地位に不満を覚える。一消費者にとって，より多く消費したいという刺激の頻度と強度とは，彼の支出と他の個々人の支出との比率に依存する。不満は支出衝動をはね除けることから生じる。その結果，一個人が受容しなければならないその消費水準に対する不満は，彼の支出と彼が交際する人々の支出との比率の函数である。」[15]

この「デモンストレーション効果」は，他者と自分の所得水準や生活水準の比較によって自分をより向上させたいという欲望の現れとして起こる。と同時に，それは他者に対する見栄という側面を有しており，「顕示的消費」の側面も見て取れる。さらに，この優等財の存在を知らしめるものとしての広告・宣伝はその効果が大きいことは言うまでもない。その意味で，「デモンストレーション効果」や「依存効果」や「顕示的消費」は，現代資本主義システムの下でより複合的な形の消費行動として現れているといえる。

第5節　現代消費行動論の意義

ここでは，制度経済学の消費行動理論の意義について検討する。

制度経済学の消費行動理論の特徴は，消費者が置かれている社会経済的状況や消費者の社会経済的地位が消費行動に影響を及ぼすという認識である。

現代資本主義システムという社会経済的状況の中で，ガルブレイスの言葉を借りれば「ゆたかな社会」においては，私的な財を大量に生産し供給する巨大法人企業（群）と物質的な豊かさを享受し日常生活の中で必要な財やサービスを最低限満たしている消費者が存在する。その消費者は日常生活に必要な最低限の財を保有しているがゆえに，必要に差し迫った財に対する欲求を持っていない（または欲求は希薄である）。このことは，消費者自らが欲する財に関して

巨大法人企業（群）などの他者からの説得を十分に受け入れやすい状態にあることを示している。

　ヴェブレンは金銭的見栄に起因する「顕示的消費」を有閑階級（上流階級）に見られる行動として指摘した。この場合，有閑階級（上流階級）は彼らの生活の中で，生活に必要とされる財を有し，高貴な社会的身分は確保されており，社会的には豊かな階級である。だからこそ，彼らの欲望は日常の必要以外のものに向けられるのである。さらに，ヴェブレンによれば，半平和愛好段階から平和段階へ，すなわち産業社会の段階（現代資本主義）に至ると，物質的な豊かさは特定の階級に限られたものではなくなり一般大衆にも及び，「顕示的消費」は有閑階級（上流階級）だけに限られた消費行動ではなくなる。ここでは，「顕示的消費」の中の見栄の要素が顕著に現れる。

　すでに指摘したように，ヴェブレンの「顕示的消費」が現れる要素として，第1に消費者の側に十分な消費能力を保証する富と財力があること，そして第2に見栄の欲求があることである。「顕示的消費」の主体は，経済的には豊かな生活を送るだけの生活水準を確保している。その意味で，ガルブレイスの広告・宣伝による「依存効果」が効果的に作用するための経済的な条件は「顕示的消費」の主体には備わっていると見ることができる。もちろん，「顕示的消費」の中で第2の要素（見栄）が第1の要素（富と財力）よりもはるかに強くでている場合には，その消費主体は必ずしも十分に豊かな生活状態を確保しているとは限らないが，少なくとも自らの生存に危機を抱くような困窮した生活状態ではないということは確かであろう。なぜならば，もし消費の主体がそのような困窮状態であれば，「顕示的消費」の対象となる高級な財の購入に振り分けるだけの所得はないであろう。

　また，「デモンストレーション効果」に関しても，消費者が優等財の購入ができるほどの金銭的な能力を有していなければ，優等財の購入は困難なものとなろう。このことから，消費者はある程度の豊かさを享受できるだけの生活水準を確保しているといえる。

　その意味で，制度経済学の消費行動理論は，現代資本主義システムという物

質的豊かさを確保している人々の消費行動の特徴を端的に示している理論ということができる。

ところで、ミルトン・D・ロウアー（Milton D. Lower）は、制度経済学の消費行動理論に対するガルブレイスの貢献として、第1に「依存効果」あるいは「新しい時代の因果連鎖」に見られるような生産の側による欲望創出の過程が示されたことを挙げている[16]。ヴェブレンの「顕示的消費」の概念はそこで生じる欲望が金銭的見栄の生活習慣に由来し、主流派経済学が前提としているような本来的に消費者個人に帰着する欲望とは合致しない。同様に、ガルブレイスは「依存効果」の概念の中に金銭的見栄という消極的要因を含みながらも、生産の側による欲望創出の過程を描き出したのである。

ガルブレイスの第2の貢献としてロウアーが指摘するのは、私的企業によって提供される財やサービスと国家によって提供される財やサービスとの間の「社会的バランス」（social balance）の概念を挙げている。消費者の欲望が「依存効果」によって私的財に向けられるために、公共財および公共サービスの不足という社会的アンバランスが生じる傾向がある。この点は、主流派経済学の消費理論の中では欠落した内容である。

さらに、ロウアーはヴェブレンについても言及している。

> 「『消費者主権』の理論や現実的な実践についての彼（ヴェブレン）の批判によって、ヴェブレンは産業経済における制度化された消費誘因、消費の分類、消費の内容、そして消費水準……の性質と帰結に関する研究に道を開いた。」[17]

制度経済学の消費行動理論は、新古典派・主流派経済学の消費理論とは明らかに異なる理論展開を示している。それは抽象的な議論としてではなく、消費者が置かれている社会経済状況、すなわちより具体的には、現代資本主義の下でのそれぞれ異なる社会経済的状況と異なる地位にある消費者の消費行動分析として意義がある。

(注)
1) Galbraith, John K. (1967), *The New Industrial State*, Houghton Mifflin, 1978. 都留重人監訳 (1980)『新しい産業国家』第3版, ＴＢＳブリタニカ, p.277.
2) Galbraith, John K. (1973), *Economics and the Public Purpose*, Houghton Mifflin. 都留重人監訳 (1980)『経済学と公共目的』, ＴＢＳブリタニカ, p.184.
3) 本書の第4章において, このことは詳しく述べられている。
4) Galbraith, 前掲書 (1967) p.278.
5) Galbraith, John K. (1958), *The Affluent Society*, Houghton Mifflin, 1984. 鈴木哲太郎訳 (1990)『ゆたかな社会』第4版, 岩波書店, p.217.
6) Galbraith, 前掲書 (1967) p.279.
7) Galbraith, 同上書 pp.295-296.
8) Galbraith, 前掲書 (1958) pp.215-218.
9) Dugger, William M., ed. (1989), *Radical Institutionalism : Contemporary Voices*, Greenwood Press, pp.6-8. この概念は, ラディカル制度主義者のダッガーにより示されたものである。ラディカル制度主義に関しては, 第2章に詳しく述べられている。
10) Veblen, Thorstein (1899), *The Theory of the Leisure Class : An Evolutionary Study in the Evolution of Institutions*, Augustus M. Kelley, 1975. 高哲男訳 (1998)『有閑階級の理論』筑摩書房 p.40.
11) Veblen, 同上書 p.102.
12) Duesenberry, James S. (1949), *Income, Saving, and the Theory of Consumer Behavior*, Harvard University Press. 大熊一郎訳 (1975)『所得・貯蓄・消費者行動の理論』改訳版, 巌松堂出版 pp.37-50.
13) 同上書 pp.41-42.
14) 同上書 p.47.
15) 同上書 p.47.
16) Lower, Milton D. (1980), "The Evolution of the Institutionalist Theory of Consumption", in Adams, John (1980), *Institutional Economics : Essays in Honor of Allan G. Gruchy*, Martinus Nijhoff Publishing, p.98.
17) 同上書 p.95.

第5章　現代消費行動の理論

【その他参考文献】
〔1〕 Gruchy, Allan G. (1974), *Contemporary Economic Thought : The Contribution of Neo-Institutional Economics*, Augustus M. Kelley.
〔2〕 Hamilton, David B. (1988) "Institutional Economics and Consumption", in Tool〔8〕
〔3〕 Hirsch, Fred (1976), *Social limits to Growth*, Harvard University Press. 都留重人監訳（1980）『成長の社会的限界』日本経済新聞社
〔4〕 Keynes, John M. (1931), *Essays in Persuasion*, Macmillan. 救仁郷繁訳（1975）『説得評論集』ペリカン社
〔5〕 Mason, Roger (1998), *The Economics of Conspicuous Consumption : Theory and Thought since 1700*, Edward Elgar. 鈴木信雄・高哲男・橋本努訳（2000）『顕示的消費の経済学』名古屋大学出版会
〔6〕 Samuelson, Paul A. (1976), *Economics*, 10th edition, MacGraw-Hill. 都留重人監訳（1977）『経済学』第10版上下，岩波書店
〔7〕 Schor, Juliet B. (1998), *The Overspent American : Upscaling, Downshifting, and the New Consumer*, Basic Books. 森岡孝二監訳（2000）『浪費するアメリカ人－なぜ要らないものまで欲しがるか－』岩波書店
〔8〕 Tool, Marc R. (1988) ed., *Evolutionary Economics II : Institutional Theory and Policy*, M. E. Sharpe.

第6章

制度経済学の政策体系

【本章の構成】
第1節　経済への政策的介入
第2節　制度経済学の政策的特徴
第3節　政策科学と価値判断
第4節　政策主体としての政府・国家
第5節　政策手段としてのコントロール
第6節　有効な経済政策

第1節　経済への政策的介入

　第2次世界大戦以後，多くの先進諸国はマクロ経済政策に見られるように，政府の円滑な経済政策運営の成功によって経済的繁栄を謳歌したといえる。しかし，そのような政府の積極的な政策介入と公的部門の拡大は，今日，新たな局面を迎えている。
　資本主義経済システムとは，私有財産制度と自由競争の市場制度を基礎とする経済システムである。しかし，20世紀に入り，政府の経済に対する積極的な政策的介入と公的部門の拡大が是認され，混合経済システムが新たな資本主義経済システムとして現れたのである。その意味で，混合経済システムは20世紀型の資本主義経済システムであるといえよう。
　主流派経済学が想定するように，自由競争市場が自立的かつ自動的に経済の諸問題を調整・解決することができれば，政府による経済への介入は必要とされない。しかし，「市場の失敗」に見られるように，市場それ自体では解決困難な問題が存在する。

政府による経済介入が正当化される1つの理論的根拠は，ここにある。政府による市場経済システムへの介入としてのミクロ経済政策およびマクロ経済政策は，自由競争市場を補完するものとしてだけでなく，自由競争市場が円滑に機能する基礎としても，正当化されたのである。

　今日，政府の市場経済システムへの介入なしには，われわれの経済生活を円滑に営むことは困難である。政府の市場経済システムへの介入および経済政策運営は，当然のこととして是認されるとともに，その介入は制度化されていると見ることができよう。

　しかし，その一方で，政府活動のもたらす弊害も顕在化してきている。政治家および官僚や行政機関そして政府規制などの民主主義政治システムに内在する問題，すなわち「政府の失敗」（または「政治の失敗」）といわれる事例がそれである。

　これまでなされてきた多くの経済政策に関する議論は，経済政策の目的と手段の関係に関するものであったように思われる。すなわち，望ましい経済政策の目的とその目的を実現するためにどのような政策手段が選択されるべきか，といった議論が行われてきた。しかし，経済政策に関する議論は，より広範な議論を含むものとして扱われる必要があるように思われる。「市場の失敗」だけでなく，「政府の失敗」（または「政治の失敗」）の議論を考慮すれば，現行の混合経済システムの下での，政府のあり方，政策運営のあり方，そして公共部門のあり方が問われている中で，経済政策に関する議論を単に，政策目的と政策手段の関係だけに限定されたものとして捉えることはできないであろう。今後の経済社会のあり方を考える上でも，広範な議論が必要である。

　さて，本章では，制度経済学の観点から経済政策論の中心的な問題について検討する。ここでの議論は，今後の経済政策のあり方や経済政策論の方向性などに関して有効な手掛かりを与えるものとなろう。

　ところで，制度経済学が経済政策論に関しても有効な議論を提供しているといえるのは，多くの制度経済学者たちが，具体的な経済政策と関わっていることによる。

自由主義経済のアメリカにおいて，最初に積極的な政府の経済介入がなされたのは1930年代のニュー・ディール期であるといえる。1930年代フランクリン・ルーズベルト（Franklin Roosevelt）大統領下のニュー・ディール期に展開された諸政策や社会立法の多くが，ジョン・R・コモンズ（John R. Commons）やウェズレー・C・ミッチェル（Wesley C. Mitchell）などの制度経済学者たちの手によるものであったことは，わが国ではあまり知られていない。また，制度経済学者たちは初期の段階から，電力・ガス・交通運輸などの公益事業に対する規制を含む政府の積極的な経済活動を支持することで，経済的な公正と平等を確保しようとしてきた。さらに，第2次世界大戦以後も，ジョン・K・ガルブレイス（John K. Galbraith）やハリー・M・トレビング（Harry M. Trebing）など多くの制度経済学者たちは，積極的に経済政策上の議論に貢献してきているのである。

第2節　制度経済学の政策的特徴

　制度経済学は，主流派経済学の立場とは異なる経済観や方法論を有しており，経済政策論上も独自の特徴を確認できる。はじめに，経済政策に関する詳細な検討に入る前に，制度経済学の特徴を経済政策論との関連から整理しておく。
　第1の特徴は，制度経済学者は1つの価値（価値あるもの）を明示化しその実現を目指すという意味で，価値主導的（value-driven）であり，人間的な価値の実現としての生活の向上を目指しているといえる。そこには，人間に関する制度経済学者の認識が横たわっている。すなわち，制度経済学者は人格を持った全体的な存在として人間を捉えており，主流派経済学者が前提とする合理的な経済人の見方には立っていない。
　第2の特徴は，経済分析や政策提言において，制度経済学者は経済がどのようなプロセスを経て変化し問題が生じているのか，また望まし経済状態に対してどのような経済政策上の対応が可能か，そしてその政策的対応がどのような効果をもたらすのかに関心を向けるという意味で，プロセス指向的である。そ

こでの分析の中心は変化と取引と進歩である。制度経済学者の中心的な課題は「ここで何が起こるか」という事実存在の問題から「ここで何が起こるべきか」という規範価値の問題までの一連の動きにある。

第3の特徴は，クラレンス・E・エアーズ（Clarence E. Ayres）に代表されるように，ジョン・デューイ（John Dewey）の道具主義哲学の経済学への適用である。すなわち，経済政策上意味を持つのは，ある政策目的を達成させるための道具として役立つ手段が価値あるものとして評価されるという考え方である。さまざまな手段が道具として役立つかどうかは，経験によって培われるものである。さらに，道具として役立つものは持続的な科学技術の発展とその役割に関連するという意味で，「制度主義の二分法」（institutionalistic dichotomy）の考え方によっている。

第4の特徴は，制度経済学者は進化論的な（evolutionary）変化観を受け入れている。すなわち，それは現行の経済システムや政策は永続性を持ったものではなく，常に変化し進化の過程にあるという考え方である。これは，デイビット・ハミルトン（David Hamilton）が明確に示したように，制度経済学者たちは，基本的に，経済とは累積的な変化のプロセスであり，無目的的な絶え間のない変化のプロセスであるという認識を持っている。

第5の特徴は，存在（あること）と当為（あるべきこと）の間のギャップを埋める諸政策を導き出す際に，制度経済学者は楽観的であり，行動主義者（activist）であるという点である。実在する経済的現実をある理想的な望ましい経済状態へと導く政策的な作業において，制度経済学者は楽観的な態度を持っており，しかも具体的かつ実際的な政策的対応を試みるのである。

第6の特徴は，制度的経済分析とそこから導き出される政策提言は，経験的事実（経験的なデータ）に基づいていることである。その意味で，制度経済学者は経験主義者であり，過去の経験的事実のデータ収集とその活用を重視する。

第7の特徴は，制度経済学者は変化というプロセスの基礎には，科学技術の根幹となる組織化された熟練があるという認識に立つ。したがって，制度経済学者は科学技術を社会進化のプロセスにおいて最初の動きとなるもの，すなわ

ち原動力の役割を担うものとして,科学技術の役割を重視する。

　第8の特徴は,グンナー・ミュルダール(Gunnar Myrdal)やアラン・G・グルーチー(Allan G. Gruchy)が指摘するように,制度経済学者は全体論的な(holistic)アプローチを採用する。制度経済学者は,経済システムをあらかじめまとまりを持った統一体として見るのであり,人間の経済活動は人間活動全般の一部であるという認識を持つ。このことは,制度経済学者の経済分析や政策提言が経済領域を超えて,社会分析や制度分析を経て社会改革や制度改革へと進む道を開くことを意味する。

　第9の特徴は,制度経済学者は,経済プロセスがある1つの法則によって決定づけられているというドグマを排除する。すなわち,経済プロセスはある一定の目標(あるいは到達点)に向かうものであるという経済決定論には立たない。制度経済学者にとって,経済は無目的的な累積的な変化のプロセスであり,一定の法則に導かれているのでも,また一定の到達点に向かっているのでもないという認識を持っているのである。

　第10の特徴は,制度経済学者は経済社会問題解決のためには制度的社会的構造に対する自由裁量的コントロールや調整が必要であると考えている。この場合の自由裁量的なコントロールは民主主義的な政治システムに基礎づけられるべきものである。ウォールトン・H・ハミルトン(Walton H. Hamilton)が初めて「制度主義」(Institutionalism)という言葉を採用した時点で,「制度主義」それ自体は,「経済や社会をコントロールする」という意味を含むものであった点を考慮すれば,この点は制度経済学にとって自明のことといえる[1]。

第3節　政策科学と価値判断

　経済政策を政府による政策目的実現のための政策手段の選択と採用と規定する場合に,政策目的(理想状態)の設定と政策手段の選択の間には,次のような問題がある。すなわち,「望ましい政策目的とは何か」あるいは「どれを望ましい政策目的として設定するのか」という問題がある。また,政策目的を所

与のものとして扱った場合でも，その目的を達成するための「望ましい政策手段は何か」あるいは「どのような政策手段がより望ましいのか」という問題である。これらは，一般に「価値判断」(value judgment) の問題と関連している。

純粋経済学あるいは理論経済学と呼ばれる経済学分野は，抽象的な一般的理論として経済的な事実に対する因果分析を行う事実判断の知識領域であり，「実証経済学」(positive economics) と呼ばれている。これに対して，経済政策論あるいは経済政策学は，個別具体的な経済事象を対象として，前述した政策目的と政策手段との関係を分析する価値判断を伴う「規範経済学」(normative economics) である。その意味で，経済政策論は価値判断を論理的な前提条件としているといえる。

さて，経済学が客観性を持つ科学であるためには，マックス・ウェーバー (Max Weber) が主張するように，価値判断を避けるべきであるという「価値自由」の立場がある。この観点からすれば，「実証経済学」といわれる領域はある程度「価値自由」の立場を確保し得るが，「規範経済学」たる経済政策に関する議論は，明らかに「価値自由」の立場は確保し得ない。すなわち，経済政策論という学問の持つ性格上，価値判断を避けることは困難であるといえる。

この問題に対する，グンナー・ミュルダール (Gunnar Myrdal) に代表される制度経済学の見解は，ウェーバー流の「価値自由」の立場それ自体，確保し得ないと主張する[2]。経済学を含む社会科学的研究において，研究者が1つの研究分野を選択したことそれ自体，価値から自由ではあり得ないと考える。

すなわち，ある1つの研究分野を選択することそれ自体，何らかの価値判断が働いていることを意味することになる。その場合に重要なのは，どのような価値基準に基づいて判断を下したかを明示することである。制度経済学の見解では，価値基準の明示化こそが，科学的研究において重要な意味を持つ。制度経済学者の議論には，明確に一定の価値前提や価値判断が含まれており，それは明示化されているといってよい。

従来，主流派経済学で使用されてきている用語それ自体には，一定の価値判断が含まれているといえる。例えば，均衡価格とは市場において需要と供給が

一致した場合に達成される価格であり，経済的には効率性が確保される価格という意味である。この場合，均衡価格という言葉には「均衡が望ましい」という価値判断が暗黙のうちに含まれているといえる。

　このように，主流派経済学の用語それ自体，一定の価値判断を含んでいるといえる。制度経済学者は，さらに踏み込んだ形で用語の使用を行っている。すなわち，制度経済学者は経済事象をより明確に説明するために，あるいは価値基準と価値判断をより鮮明に打ち出すために，経済用語を使用し創作している。例えば，ヴェブレンやガルブレイスは，「消費」(consumption) という用語を避けて，あえて「浪費」(waste) という用語を用いることがある。ヴェブレンのいう「顕示的浪費」(conspicuous waste) やガルブレイスのいう「依存効果」(dependence effect) による「浪費」は，明らかに「望ましくない無駄な消費」を意味した表現であり，社会的に「是正されるべき消費」という改善の方向性をも示した内容となっている。また，ミュルダールの造語と見られる「軟性国家」(soft state) という用語は，低開発諸国の国家において，賄賂や不正がはびこり，先進諸国の援助がその国の国民のために有効に機能していないことを意味する用語であり，国家としての規律を確保して，ルールに基づく公正な国家としての「硬性国家」(hard state) になることが低開発諸国の基礎的条件である，ということを示すものとなっている。

　制度経済学者の経済分析とそこで用いられる用語には，彼ら独自の価値判断が含まれるだけでなく，改善されるべき政策の方向性をも示す内容が含まれている。一般に，経済分析それ自体は実証的な研究と見なされ，規範的要素は含まれないものとされる。しかし，制度経済学者の経済分析においては規範的要素が含まれることになり，その分析は政策の方向性をも示すことになるという点で，制度経済学者の経済分析は従来の経済分析とは異なる特徴を有しているといえる。

第4節　政策主体としての政府・国家

　経済政策は，経済政策の主体としての政府あるいはその代行機関が政策目的実現のために選択し，採用する政策手段であると定義される。具体的には，政策主体としての政府（または代行機関）とは，中央政府，地方政府，および中央銀行などが挙げられる。これまでの経済政策の議論においては，望ましい政策目的（理想状態）を実現するためにどのような政策手段の選択が有効であるか，といった議論が中心となってきたように思われる。そこでの議論においては，政策主体である政府に関して，ある1つの想定が存在していたといえる。すなわち，主流派経済学においては必ずしも明示的ではないが，公正かつ中立的で慈悲深い専制君主的な政府が想定されていたと見ることができるし，従来型の政策目的——政策手段の関係を中心とする経済政策の議論においても，そのような政府観（政策主体観）が暗黙のうちに想定されていたと見ることができる。

　実際のところ，経済政策に関する議論においては，政策主体としての政府（または国家）とはどのようなものであるのか，といった具体的な議論はあまり行われてこなかったといえよう。ある望ましい経済政策の目的に対する有効かつ適切な政策手段が選択されれば，それは何の支障もなく実行されるということが，議論の前提になってきていたといえる。

　この前提に関して，1つの明確な指摘を行ったのが，ジェームス・M・ブキャナン（James M. Buchanan）に代表される公共選択論（Public Choice）である。公共選択論は，非市場的な意思決定のプロセスを経済学の手法を用いて研究する新たな学問分野である。公共選択論の見解によれば，政策主体である現実の政府は民主主義政治システムにおける政府であるのに対して，ケインズ経済学は政策運営の主体は少人数の経済に関するエリートが行うものと想定されていた（ハーヴェイ・ロードの前提）。ケインズ経済学の想定する政府観に従えば，経済エリートは公共の利益のために適切な政策運営を行うわけであるから，慢性的な財政赤字などの問題は生じ得ないし，その他の経済諸問題は政策遂行の過程で解決されるはずである[3]。

第6章　制度経済学の政策体系

　しかし，実際の経済政策の立案と実行のプロセスに関与するのは，政治家，政党，圧力団体，官僚，そして国民（有権者）などの個別に利害を持った集団と個人である。そして，民主主義という政治システムの下では，まさにこれらの個人と個人または集団との間の利害が対立し，また妥協にいたるプロセスがある。民主主義国家においては，経済政策のプロセスも例外ではない。公共選択論の貢献はこの点でも重要な意義を持っている。そこには，新古典派の公正かつ中立的な慈悲深い専制君主的政府観やケインズ派の経済エリートの政府観には見られない，きわめて現実的な政府観が展開されている。

　公共選択論の立場とは異なる形で，より現実的な政策主体の分析を行っているのが，制度経済学である。制度経済学も，公共選択論と同様に，新古典派的およびケインズ派的な主流派経済学の政府観に異議を唱えているといえる。制度経済学の場合，民主主義の政治システム分析に力点が置かれるものの，そこには「権力」（power）の概念が導入される。すなわち，「誰が権力を握っているのか」そして，「どのように権力が行使されているのか」が問われる。その観点から得られた制度経済学による分析の結論に従えば，現代の資本主義システムにおいては，ごく少数の巨大法人企業とその企業を支配する経営者・技術者集団が権力を握っているのである[4]。また，政治家および政府官僚は，公共の利益ではなく，保身のために巨大法人企業や「テクノストラクチュア」（企業を支配する経営者・技術者集団）の利益を代弁し，その利益の実現のために行動する。このことが，政治家および政府官僚にとっても利益となる。公共目的としての経済成長の実現は，企業の成長に貢献するし，先端的科学技術開発や高等教育は企業に対する有能な人材の提供と「テクノストラクチュア」に貢献するものとなる。このことは，政治家や政府官僚にとっても喜ばしいことである。政府官僚機構と巨大法人企業の経営者・技術者集団との間には，「官僚制的癒着」（bureaucratic symbiosis）という相互の共鳴・協力関係が存在する。このため，経済政策は公共の利益のためではなく，政治家および政府官僚のために，そして一部の巨大法人企業とそれを支配する「テクノストラクチュア」の利益を確保するために行われているといえる。

制度経済学によるこのような分析結果は，当然，政策主体である政府（または国家）の改革を指向することになる。すなわち，政策主体であるはずの政府（または国家）が改革されるべき対象として浮かび上がる。

　政府改革の方向性は，公共目的のために活動する政府の実現に向けられる（国家の解放）。人々による公共性の認識や国会議員の再選禁止や公共目的のために活動する政治家および政治集団の育成とそれを支援する市民団体の形成などと，制度経済学の改革は選挙制度改革を含む政治制度の改革へと向かうのである。

第5節　政策手段としてのコントロール

　経済政策の目的が十分に達成されるためには，政策手段の選択が大きなカギを握ることは言うまでもない。従来，経済学の主流派である新古典派経済学においては，自由競争市場は自立的かつ自動的に経済問題を解決する機能を有しているものと考えられてきた。このことから，現実の市場を自由競争市場に近づけることを主眼に置いた政策がなされてきたといえる。独占禁止政策や競争促進政策などはその例といえる。

　また，国民経済全般にかかわるマクロ経済のレベルでいえば，租税の変更や公共投資の増減などに見られる財政政策を中心にした政策手段や中央銀行による通貨の調整を目指す金融政策などが主要な政策手段として考えられてきた。

　これに対して，制度経済学者の支持する政策手段は，積極的で強制力を伴う政府の経済介入策である。それは，前述した独占禁止政策や財政政策や金融政策とは異なるより強力な諸政策である。

　制度経済学者は，自由競争市場は結果として独占をもたらし，経済的・社会的な弊害をもたらすと考える。制度経済学者の見解によれば，自由競争は独占という害悪をもたらすに過ぎず，政府の規制によってその弊害を除去することが必要である。この点は，自由競争市場が経済的効率性（または資源の最適配分）を達成すると見なす新古典派・主流派経済学とは，明らかに異なる立場で

あり，制度経済学者は抽象的な理論から導き出される結論よりも，歴史的経験的事実に基づいた判断により大きな意義を見出しているといえる[5]。

そもそも，制度経済学は政府の積極的経済介入，すなわち，より具体的にはコントロールを重視する経済学として捉えられてきた。第1章で述べたように，ウォールトン・H・ハミルトン（Walton H. Hamilton）の「経済理論に対する制度的アプローチ」（The Institutional Approach to Economic Theory）[6]は，制度経済学がコントロールを指向する経済学であることを明示したものである。

事実，制度経済学者は直接的な政府による経済介入を大いに支持し，それこそが経済的成果をもたらす有効な手段であると考えている。

ミクロの経済領域に関していえば，制度経済学者は自由競争市場の維持よりも，政府による規制強化と政府の管理によって独占や寡占の持つ市場支配力を抑制することが公共の利益にかなうものと考える。その意味で，独占禁止政策や競争促進政策には懐疑的である。制度経済学者には，自由競争は結果として独占を生むという強い信念がある。また，「市場の失敗」の解決策としての公的規制や課税，さらには公有制といった政府のより強力な政策介入に対しては積極的に支持する立場をとる。

他方，マクロの経済領域に関しても，制度経済学者は経済安定化にとって有効とみなされているケインズの総需要管理政策では不十分であると考える。制度経済学者は不況下においては所得や賃金に直接統制を加えるような諸政策を支持し，安定的な所得・賃金の維持と生活の保障を確保しようとする。さらに，制度経済学者は，使用者（経営）と労働者の間の雇用関係に対する権力関係に変更を求め，経営その他の企業の意思決定に労働者など企業の構成員の意思を反映させる参加型制度への変更を推進する。このような制度の変更は，雇用の持続的安定という点でも重要なものとみなされる。制度経済学者は，参加民主主義に基づく意思決定がマクロの政策手段としても有効であると考える。

多くの国民の，あるいは多くの社会構成員の支持を得た強制力を伴ったコントロールは，独裁者が行うそれとは異なり，その経済効果の有効性の観点からより望ましい選択肢であると制度経済学者は考える。

第6節　有効な経済政策

　制度経済学は，その歴史的・思想的背景として，アメリカにおける公民権運動や婦人参政権運動などの社会運動の影響を受けている。初期の制度経済学者コモンズやそれ以後の制度経済学者が労働者や女性の保護と救済に関心を寄せたように，現在多くの制度経済学者も，一般に社会的・経済的弱者と呼ばれる人々への差別や保護・救済に関心を寄せているといえる。制度経済学者は，現在の社会を「重層化した社会」(stratified society) として捉え，そこには諸階層間における所得と富の格差が存在するという認識を持つ。また，その格差は社会的な地位や身分の違い，そしてそれらに結びついた権力が大きく作用しているものと考える。

　制度経済学者は，人間の経済的・社会的平等や社会的正義の実現を経済政策上の主要な目標の1つとして考えている。彼らは，社会的地位や身分による差別，人種や性差による差別，そしてそのような差別から生じる貧困または所得と富の格差の除去を具体的な政策目標として提示する。したがって，このことは社会保障政策や所得再分配政策といった経済政策手段だけでなく，社会的・経済的基盤をなす諸制度の変更を伴う社会改革または構造改革を指向することとなる。制度経済学者によるフェミニズムや労働組合運動への共感，そして発展途上国問題への積極的関与など，その活動が多岐にわたっているのはこのためである。

　ここで，制度経済学の経済政策の最も基本的な考え方を確認する意味で，ジェームス・R・スタンフィールド (James R. Stanfield) の次の言葉を取り上げ，検討する。

　　「有効な経済政策は，経済プロセスの基礎的な機能と人間社会におけるその役割——人間の生命プロセス (life process) の装備——とを分離しない。」[7]

第6章　制度経済学の政策体系

　ここでの「有効な」とは，民主主義的であり，また手段として効果があるという意味である。制度経済学者によれば，財・サービスの生産や消費といった経済プロセスは，人間の生活にとってより多くの満足を得るための一手段であるが，しかしそれだけではない。そこには，人間が生命プロセス（または生活プロセス）を維持するに必要な要件を整えるという役割がある。

　したがって，有効な経済政策とは，より多くの人々が参画する民主主義的なシステムの下で，生命ある存在としての人間が日々の営み，すなわち生活を維持するのに十分な要件（社会的な装備）を充足しつつ，財・サービスの生産や消費といった経済プロセスに関与するものでなければならない，という意味である。

　このような観点から，制度経済学者は企業，労働組合，環境保護団体，婦人団体などの集団行動が活発化することによって，政治と政府の経済政策は自発的な作用を持つと見る。それは，多くの個人や団体の意見が政策に反映されるという点でより民主主義的である。また，制度経済学者は経済安定化のためのケインズ主義的な総需要管理政策の有効性は認めるが，積極的な行動主義的安定化政策，社会的正義のプログラム，そして，積極的な政府の社会的・経済的規制とコントロールをより効果的な手段であると考える。

　政府による社会的・経済的規制およびコントロールといった政策手段を有効な政策手段として重視する考え方は，前述したウォールトン・ハミルトンの見解にもかなうものである。

　さらに，今日，多くの制度経済学者は，ガルブレイスの影響下にあるといえる。ウィリアム・ダッガー（William Dugger）やスタンフィールドなどの現代の代表的な制度経済学者は，権力（power）を主要な経済分析の概念として捉えており，また現代資本主義社会を「重層化した社会」あるいは「法人福祉国家」（corporate welfare state）として特徴づけて分析を試みている。このような制度経済学者による現代資本主義分析は，それ自体，経済政策の方向性を規定するものとなっている。民主主義システムに大きな信頼を置き，そのシステムの下で，政府の規制やコントロールなどの強制力を伴った諸政策と経済制度の

変更を伴う社会改革を積極的に推進することによって,平等,公正,そして公共の利益を実現し,生命ある人間の尊厳と生活を安定的に確保するところに,制度経済学における経済政策の核心がある。この点は,現在,わが国やアメリカで支配的となり,推進されている自由主義的な経済政策の論理に対峙する政策論として,大きな意味を有している。

(注)
1) ここで示された特徴は,Peter, Jerry L. (1984), "Fundamentals of an Institutionalist Perspective", *The Journal of Economic Issues*, Vol. 18, No. 1, March. を参考にして整理したものである。
2) Myrdal, Gunnar (1972), *Against the Stream*, Random House. 加藤寛・丸尾直美他訳 (1975)『反主流の経済学』ダイヤモンド社は,この点を明確に示している。
3) Buchanan, James M. and Wagner, Richard E. (1977), *Democracy in Deficit : The Political Legacy of Lord Keynes*, Academic Press. 深沢実・菊池威訳 (1979)『財政赤字の政治経済学-ケインズの政治的遺産-』文眞堂
4) Galbraith, John Kenneth (1973), *Economics and the Public Purpose*, Houghton Mifflin. 1973. 久我豊雄訳 (1980)『経済学と公共目的-ガルブレイス著作集4-』TBSブリタニカは,この点を明確に示している。
5) この点に関する詳しい議論は,本書第7章で論じている。
6) Hamilton, Walton H. (1919), "The Institutional Approach to Economic Theory", *The American Economic Review*, Vol. 9, No. 1, March.
7) Stanfield, James R. (1995), *Economics, Power and Culture : Essays in the Development of Radical Institutionalism*, Macmillan Press, pp. 110-111.

【その他参考文献】
〔1〕Adams, John, ed. (1980), *Institutional Economics : Contribution to the Development of Holistic Economics*, Martinus Nijhoff Publishing.
〔2〕Bush, Paul D., "The Concept of "Progressive" Institutional Change and Its Implications for Economic Policy Formation", *The Journal of Economic Issues*, Vol. 23, No. 2, June 1989.
〔3〕Dugger, William M., ed. (1989), *Radical Institutionalism : Contemporary Voices*, Greenwood Press.
〔4〕Dugger, William M. and Waller, Jr., William T., eds. (1992), *The Stratified State : Radical Institutionalist Theories of Participation and Duality*, M. E. Sharpe.
〔5〕Foster, J. Fagg (1981), "The Theory of Institutional Adjustment", *The Journal of Economic Issues*, Vol. 15, No. 4, December.

〔6〕 Foster, J. Fagg (1981), "Syllabus for Problem of Modern Society : The Theory of Institutional Adjustment", *The Journal of Economic Issues*, Vol. 15, No. 4, December.
〔7〕 Gruchy, Allan G. (1990), "Three Different Approaches to Institutional Economics : An Evolution", *The Journal of Economic Issues*, Vol. 24, No. 2, June.
〔8〕 O'Hara, Phillip A. (1999), ed., *Encyclopedia of Political Economy*, Vols. 2, Routledge.
〔9〕 O'Hara, Phillip A. (2000), *Marx, Veblen, and Contemporary Institutional Political Economy : Principles and Unstable Dynamics of Capitalism*, Edward Elgar.
〔10〕 Tool, Marc R. ed. (1984), *An Institutionalist Guide to Economics and Public Policy*, M. E. Sharpe.
〔11〕 Tool, Marc R. ed. (1988), *Evolutionary Economics I : Foundations of Institutional Thought*, M. E. Sharpe.
〔12〕 Tool, Marc R. ed. (1988), *Evolutionary Economics II : Institutional Theory and Policy*, M. E. Sharpe.
〔13〕 Tool, Marc R. and Bush, Paul D. eds. (2003), *Institutional Analysis and Economic Policy*, Kluwer Academic Publishers.
〔14〕 赤澤昭三 (1978)『序説経済政策』税務経理協会
〔15〕 赤澤昭三・関谷登・太田正行・高橋真 (1998)『制度経済学の基礎』八千代出版
〔16〕 赤澤昭三・関谷登・太田正行・高橋真 (2002)『制度の進化と選択』八千代出版

第7章

市場の失敗と政府規制

【本章の構成】
第1節　市場の失敗と公益事業
第2節　公益事業規制に対する制度経済学的対応
第3節　市場主義政策の展開
第4節　市場主義政策に対する制度経済学的評価
第5節　政府規制の制度経済学的意味

第1節　市場の失敗と公益事業

　新古典派・主流派経済学における経済問題は需給の不均衡問題である。市場の純粋性と完全性が確保されている完全競争市場では，この不均衡問題は自動的に市場機構によって解決される。新古典派・主流派経済学は，完全競争市場の条件が満たされない，あるいは市場機構が十分に機能しない場合を「市場の失敗」(market failure) と位置づけ，政府による経済介入によってその問題の解決を図ることになる。新古典派・主流派経済学では，「市場の失敗」は例外的な事項である。

　これに対して，制度経済学は新古典派・主流派経済学とは異なり，自由競争的な市場に対して信頼を置いていない。自由競争的な市場では，当初は競争が起こっても，時間の経過とともにいずれ市場は巨大企業によって独占化されるものと見る。結果として，市場は巨大企業の独占的利益を生むことになる。このことから，制度経済学は市場に対する政府規制は必要であり，市場の成果を公正に保つ意味でも政府による規制は不可避であるという立場である。すなわち，「市場の失敗」とされる不完全競争市場，外部効果，公益事業 (public utilities）などについて，積極的な政府の規制的介入が主張される。

　ここでは，「市場の失敗」の事例の1つとされる公益事業について，制度経済学の理論内容を検討する。

　前述したように，公益事業は新古典派・主流派経済学において「市場の失敗」として扱われ，自由競争的市場における例外的なケースの1つと見なされた。公益事業には，一般に，電力，ガス，上下水道，郵便，電気通信，鉄道，バス，航空輸送などの分野が含まれる。ハリー・M・トレビング（Harry M. Trebing）の言葉を借りれば，

　　「1世紀以上ものあいだ，公益事業の概念は，電力，ガス，電気通信，水道，そして程度は小さいが，航空輸送と陸上輸送を供給する私的に所有された企業の価格と利得に対する規制と同義語であった。」[1]

　これらの事業分野については，従来，公的な規制が行われてきた。この公的規制の理論的根拠としては，第1に，提供される財・サービスが多くの国民の日常生活にとって必要不可欠なものであって，その提供が困難な場合には国民生活に重大な影響を及ぼすおそれがあるということである。すなわち，このような財・サービスの提供に関して代替的なものが容易には確保されないということである。

　第2には，自然独占傾向があるということである。すなわち，これらの事業分野は「規模の経済性」が働くために，1社（あるいは少数の企業）でそのサービスを提供することが，社会的厚生を高めるものと見なされてきたのである。

　　「したがって，このような事業活動を自由競争に委ねると，重複投資と過剰設備による資源の浪費や利用者にとっての混雑の不便，さらに私的独占の形成による市場支配力の乱用（例えば，差別価格など）といった望ましくない市場成果が必然的にもたらされると考えられてきたのである。そして自由競争システムに代わる調整機構として，公的規制が有用であるとされ

てきた。」[2]

　新古典派・主流派経済学がこの事業分野に規制的介入を容認した根拠は、経済効率性基準に沿ったものである。【図表7－1】は新古典派・主流派経済学における公益事業に対する公的規制の根拠を示したものである。

　縦軸に費用と価格を、横軸に供給量を示してある。平均費用曲線はACで、限界費用曲線はMCで示されている。また、DDは公益企業に対する需要曲線である。

　完全競争市場におけるパレート最適達成の条件は、限界収入と限界費用とが一致する（MR＝MC）ことである。この場合、限界収入は需要曲線に等しい。

　限界費用曲線MCと需要曲線DDとが一致する点Eに対応する価格OZでパレート最適が達成され、このときの供給量はOIである。このとき、平均費用はIFに対応するOXであるため、赤字ZXFEが発生する（総収入OZEI－総費用OXFIの部分）。この赤字の発生は企業の存続を不可能にすることになる。

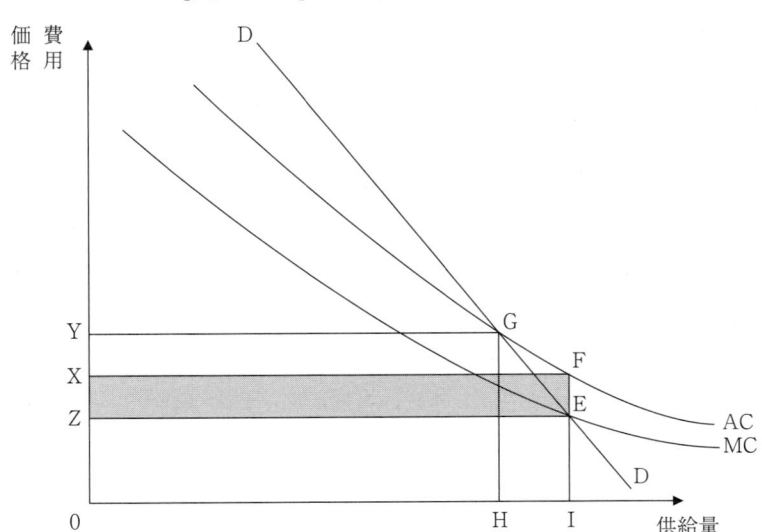

【図表7－1】　公益事業（費用逓減型産業）

ここで，赤字を解消するために，価格を需要曲線ＤＤと平均費用曲線ＡＣとが一致する点Ｇに対応する価格ＯＹにすると，供給量はＯＨとなる。ここでは，パレート最適は達成されないことになる。なぜなら，パレート最適の条件ＭＲ＝ＭＣを満たしていないからである。

パレート最適を達成するためには，価格をＯＺに設定し，供給量はＯＩとし，赤字部分のＺＸＦＥについては政府による補助金によって援助することになる。公益事業といわれる分野が，政府の公的規制や公有化（公企業化）といった政策的介入が行われる理由は，パレート最適の達成にあるといえる。

ラリー・レイノルド（Larry Reynold）は，新古典派の規制的介入について次のように説明する。

「規制は，典型的には，市場の失敗と認識されたものに対してなされるものである。すなわち，その市場の失敗とは，効率や公平，またはその両方に関する失敗である。それゆえ，規制はこれらの諸条件のいずれか，または両方に対して行われるのであるが，しかしその場合，ただ新古典派の効率性基準に基づいてのみ評価される。」[3]

第2節　公益事業規制に対する制度経済学的対応

アメリカ合衆国における公益事業規制に対して，制度経済学者たちは積極的な対応をしてきたといえる。

トレビングによれば，19世紀末から20世紀のはじめにかけて，アメリカにおける公益事業規制に対して先駆的な貢献をしてきたのは，リチャード・イリー（Richard Ely）やジョン・R・コモンズ（John R. Commons），そしてヘンリー・C・アダムス（Henry C. Adams）などの初期の制度経済学者たちであった[4]。そして，彼らの後に，マーチン・G・グレーサー（Martin G. Glaeser），ジョン・モーリス・クラーク（John Maurice Clark），そしてジェームス・C・ボンブリッジ（James C. Bonbridge）などが続いたのである。トレビングは，公益事業規制

第7章　市場の失敗と政府規制

に対する制度経済学者たちの取組みを次の5段階（時代区分）に分類している。以下では，それぞれの段階ごとに，公益事業規制の内容とそれに対する制度経済学者の対応を概観していく。

(1) 　第1段階：人民主義・進歩的な改革（1877年から1920年）

　この時期は，アダムス，イリー，そしてコモンズなどの活躍が見られた時期である。彼らの研究は，営利企業に対する公的規制の必要性と市場に対するコントロール，費用の特質と価格形成，そして構造改革や制度改革に及んでいた。例えば，当時，公的規制導入の重要な課題は，超過利潤と価格差別化をコントロールし，適正なサービスを保証することであった。このことに関連して，アダムスは鉄道やその他の公益事業における収入，支出そして利得を検査するための基礎となる会計システムを考案した。

　また，コモンズはウィスコンシン州知事ラ・フォレット（LaFollette）のもとでウィスコンシン委員会（Wisconsin Commission）を組織し，このウィスコンシン委員会をモデルとして1907年から1913年の間に全米29の州で公益事業委員会が新たに組織された[5]。

> 「これらの初期のアメリカ制度主義者たちはまた，もうひとつの遺産を残した。彼らは，次の世代の規制（論）者に対して，規制の公益理論への確信，社会的諸目標を促進するための政府の能力に対する信頼，産業化社会における調和の達成と紛争解決のための一手段としての市場の働きへの不信感，そして独占的企業に対する強制力としての競争の効果に関する懐疑的態度を与えた。」[6]

(2) 　第2段階：政治的怠惰（1920年代）

　この時期は，政府の規制的対応に対する公然とした要求は少なかったが，J・M・クラークとグレーサーの活躍を挙げることができる。J・M・クラークの『間接費の経済学的研究』（*Studies in the Economics of Overhead Costs*：

1923) や『企業の社会的統制』(Social Control of Business : 1926), そしてグレーサーの『公益事業経済学の概要』(Outline of Public Utility Economics : 1927) は, 間接費の動向や公益事業の価格形成原則などの公益事業の総合的研究をもたらした。

　「このような研究から, 公益事業規制の古典的モデルが誕生した。」7)

(3)　第3段階：ニュー・ディールの改革（1933年から1944年）
　1930年代は, 公益事業に対する政府介入に関して新たな要求が見られた時期である。また, この時期はボンブリッジやガーディナー・ミーンズ (Gardiner Means) の活躍が挙げられる。この時期における連邦交通委員会 (Federal Communication Commission) や民間航空会議 (Civil Aeronautics Board) の創設や州際商業委員会 (Interstate Commerce Commission) の権限の拡大は, 規制に関する公益理論を後押しするものであった。

　「1944年までには, 連邦の規制は, 州際電気通信, 天然ガス, そして電力にまで拡大した。また歴史上, 最も大規模な産業再編プログラムは, 1935年の公益事業持株会社法 (the Public Utility Holding Company Act) の結果として進められた。」8)

　ボンブリッジやミーンズなどの制度経済学者の業績は, 公益事業規制がどのようにあるべきかという方向性を示すとともに, 公益事業規制を支持する内容のものであった。

(4)　第4段階：戦後の安定（1945年－1968年）
　第4段階と第5段階は, 第2次世界大戦以後の時期である。第4段階のこの時期は, 規制に関する制度的な枠組みについての大きな変化は見られなかった。その意味で, 制度経済学者たちの際立った活躍は見られなかった。

1962年まで新古典派経済学者たちは経済的規制に対して関心を向けてきていたし，制度経済学者たちとは異なった見方での問題解決にあたろうとしていた。新古典派経済学者たちは，経済的効率性と効率性に役立つルールの作成を中心に研究を進めていた。他方，一部の新古典派経済学者は，公益事業規制の方法それ自体が経済的に非効率であり，過剰投資を生むと指摘していた。

経済的効率性を強調する新古典派経済学者と市場支配力に対して関心を向ける制度経済学者の間の衝突は，次の段階の1969年以降に顕著になる。

(5) 第5段階：規制からの解放（1969年から現在まで）

この段階は，公益事業分野に対して大きな変化が訪れた時期である。それは，公益事業分野に対する政府規制の緩和や民営化などの市場主義政策への政策転換といえるものである。この政策転換は，次節以降での詳しい議論にゆだねることにして，ここではこれまで見てきた公益事業規制に関する制度経済学者たちの実際の取組みから，以下の点を確認する。

制度経済学者たちは「自由競争こそが望ましいという幻想」を抱いていなかったということである。それゆえに，新しく出現してきた公益事業分野や輸送産業に対して適応することができたし，また現実的な取組みが可能であったと言えるのである。彼らは，公益事業分野や輸送産業のような資本集約型産業に見られる高い固定費用は，「破滅的な競争」(ruinous competition) を助長するという共通の見解を持っていた。したがって，彼らにとって，公共の利益 (public interest) を確保するという観点から，政府の介入あるいは公的規制はこれらの産業分野における望ましい選択肢と考えられたのであった。

ところで，制度経済学者は，規制について次のような認識を持っている。

> 「規制とは，紛争を解決し，工業化された経済における社会的諸目標を調和させるための方法と見なされるのであり，さらに重要な点は，独占力を抑制し，無制限な独占力の行使に結びついた乱用を防止するための手段と

見なされるのである。」[9]

このような政府の規制的介入に対する制度経済学者の考え方が，一般に，規制の公益理論として知られるようになったのである。

第3節　市場主義政策の展開

1970年代から1980年代にかけて，アメリカ合衆国を中心に，規制緩和（または規制撤廃）や民営化に見られる経済の自由化や市場化といった市場主義政策が，陸上輸送および航空輸送産業，電気通信，電力，金融などの分野で実施されるようになった。このような自由化・市場化の動きは，それまで公的な規制が望ましいと考えてきた人びとの合意そのものを揺るがすまでに，規制に対する人々の不満の高まりを裏づけるものであった。

価格・利益・企業の参入と退出に対する経済的規制は，非効率やインフレーションやイノベーションの阻害，そして産業のカルテル化の原因とされた。また，環境，健康，安全，そして労働に影響を及ぼす諸要因に対する社会的規制は，主要産業における非競争的な態度や失業やインフレーション，そして増加傾向にある域外調達の原因とされたのである[10]。

市場主義政策は，規制を撤廃または緩和することで潜在的企業の参入を容易にし，自由競争を実現しようというものであった。さらに，公企業の民営化によって公的部門に見られるX非効率を回避し，経済的効率性を高めることがそのねらいであった。このような市場主義政策は，アメリカでは航空輸送，陸上輸送，そして電気通信などの分野に及び，わが国では鉄道，電気通信などの各分野に及んでいる。この規制緩和と民営化の動きに理論的根拠を与えたものの1つに「コンテスタブル・マーケット（contestable market）の理論」がある。この理論は，ウィリアム・ボーモル（William Baumol），C・パンツァー（C. Panzar），そしてR・D・ウィリグ（R. D. Willig）によって展開された。彼らは，見かけ上自然独占的市場であっても，意欲をもった参入可能な潜在的企業が

市場に参入できるとすれば、社会的に望ましい資源配分は達成できるのであり、公益事業規制は不要であると考えた。すなわち、「埋没費用」(sunk cost) がゼロかまたはきわめて低ければ、その市場への潜在的企業の新規参入は可能であり、競争が実現できると考えられた[11]。

ところで、このような市場主義政策の推進者の中心は、新古典派経済学者たち（新自由主義を含む）であった[12]。そこで、新古典派経済学の規制に対する基本的な考え方をここで整理しておく[13]。

新古典派経済学は、誤った政府介入は独占企業の市場支配力よりももっと悪い罪であると考える。そして、新古典学派にとって規制とは、非効率を助長し消費者と経営者に誤ったシグナルを送り、市場価格を無効にするものである。このような認識に立って、新古典派経済学は従来の経済的規制および社会的規制に対して批判を加えるのである。新古典派経済学にとって、経済的効率性の向上は彼らの主要な政策目標である。それは、規制緩和や独占市場への規制の制限や効率を最大化するようなルールの確立を通じて、市場本来の力を一層強化しようとするものである。すなわち、新古典派経済学にとって、経済的効率性がその評価の基準であり、それを実現できるのは自由競争市場である。

このように、新古典派経済学は経済的効率性重視の立場から自由競争市場の実現を是認するのに対して、制度経済学は自由競争のもたらす弊害に危惧を持っている。

第4節　市場主義政策に対する制度経済学的評価

前述したような新古典学派の考え方に基づいてアメリカで実施された規制緩和や民営化などの市場主義政策に対して、制度経済学者はどのような評価を下しているのであろうか。現代の公益事業研究の第一人者で、制度経済学者のハリー・M・トレビングは、アメリカで実施された規制緩和政策の根底には、次の2つの前提があると見ている[14]。

第1の前提は、公共政策の目的として効率は平等や公平よりも重要であるこ

と。

　第2の前提は，直接的な政府介入よりも，効率達成のための手段として自由競争市場が重要であり，効率性は安い価格をもたらし，一般的福祉を増大させること。

　この2つの前提に立つ限り，平等や公平を促進しようとする試みは，単に保護主義と非効率を生み，結果的には物価上昇と福祉の低下を招くと考えられるのである。

　実際にアメリカで行われた規制緩和・規制撤廃の動きについて，トレビングは個別に次のような評価を下している[15]。

(1) 輸送産業分野

　当初，陸上輸送に対する経済的規制は輸送体系をゆがめており，規制緩和を実施することによって交通輸送体系に重要な変化がもたらされると期待された[16]。しかし，実際に規制緩和が行われても，陸上輸送に関して実質的な効果はもたらされなかった。鉄道産業では，規制緩和によって企業の合併と企業合同への動きが促進され，トラック輸送においては集中化傾向が強まった。また，航空産業における規制緩和は，価格形成と航空路の再編において混乱が生じる結果となった。

> 「輸送産業の規制緩和は，自動的に，相当激しい競争的な市場に近づけると思われた市場構造を生み出すことはなかった。その代わり，独占的な集中と価格差別化が重大な問題として残された。」[17]

(2) 電気通信分野

　1970年代の規制緩和と1984年のＡＴ＆Ｔ（アメリカ電信電話会社）の分割は，当初，長距離電気通信市場における競争を確保するものと期待された。しかし，ＡＴ＆Ｔは依然として国内長距離電話市場の70から75パーセントのシェアを有しており，国際電話市場においてもシェアの拡大を図っており，市場における

支配的な地位を維持している。また，地方レベルではベル電話会社が強力な地位を占めている[18]。

　輸送産業分野と同様に，電気通信の分野でも，規制緩和はその目的を実現することができなかったといえる。

　アメリカの公益事業分野における規制緩和は，当初期待された結果を生むことはなく，かえって状況は悪化したというのがトレビングの評価である。そして，トレビングは規制緩和によってもたらされた現実の状況悪化という結果から，政府の規制的介入を極力小さなものにしようとする「小さな政府」論による市場主義政策は終焉を迎えることになるものと期待を寄せる。

　トレビングは，基本的に，政府の規制的介入に対して肯定的で積極的な態度をとる。しかし，それは新古典学派が「市場の失敗」において想定するような市場の代替物あるいは補完物としての政府介入ではない。トレビングは，現在の資本主義経済システムと政府の内在的問題点の克服と政府の再活性化を主張するのである。それは，ジョン・K・ガルブレイス（John K. Galbraith）の主張する「テクノストラクチュア」に支配された巨大法人企業の独占力のコントロールや「国家の解放」を含めた政治経済システムの改革を意味するものである。トレビングは，次のように述べている。

　「……市場の標準を超えたより高いレベルの社会的効率性（social efficiency）を実現するための適切な方法に関する手引きを準備することは必要とされるであろう。われわれは，ガルブレイス教授が議論した種類の管理と調整をどのように実現するかについてのより良い研究を必要とする。また，われわれは不完全競争市場における巨大法人企業のテクノストラクチュアの行動を改善するために新たな圧力集団をどのようにして利用するかを知る必要がある。最後に，われわれは，価格差別化や内部補助をコントロールするための――それによってリスクや予想外のコストが第三者にほとんど転嫁されないことを保証するための――より創造的なアプローチを必要とする。」[19]

第5節　政府規制の制度経済学的意味

　制度経済学者が競争原理（あるいは市場機構）に信頼を置いていないとしても，彼らが政府の公的規制（あるいは政府介入）を積極的に支持する根拠はどのようなものであろうか。

　その根拠の1つは，独占のもたらす害悪を避けるためである。制度経済学者にとって，現実の市場は明らかに独占や寡占などの不完全競争市場であり，たとえ新古典派経済学者が想定するような自由競争市場が成立しているとしても，それは早晩，独占市場に変質すると考える。制度経済学者は，独占に対して嫌悪感を示す。

　第2の根拠は，効率を向上させるためである。制度経済学者は，新古典派経済学者のように効率の向上は自由競争市場においてのみ実現されるとは考えていない。逆に言えば，自由競争市場以外の方法でも効率の向上は可能であると考える。さらに，その効率は経済的な効率に限定されるものではない。

　第3の根拠は，集中した経済的権力を抑制するためには，政府による公的規制が必要であるということである。それは，制度経済学者が規制を受けていない企業の中に潜む独占化の危険として観察し続けたものである[20]。

　とはいえ，制度経済学者は規制と競争が完全に排他的な概念であると考えているわけではない。なぜなら，制度経済学者は公共的なコントロールの全般的な効果を高めるための手段として，それに関連する市場における競争を促進するために規制の適用を考えているのである。

　　「このタイプの改革の適例は，大量かつ大規模なガス市場において，さらに多くの買い手と売り手を統合できる相互の連絡網を作り上げるために，障害を無効にするための規制介入を行うことである。」[21]

　ところで，新古典派経済学者は規制緩和や民営化の市場主義政策実施の判断基準・評価基準として，経済的効率性の概念を有している。これに対して，制

度経済学者は,人間は新古典派経済学者が想定するような「経済人」(ホモ・エコノミカス)ではなく,社会的に組織化された個人であると考える。それゆえ,制度経済学者は,新古典派経済学におけるような経済的効率性とは異なる,安全,環境,自由,公正,平等といった非経済的要素をも考慮に入れた,経済システムを含む社会システム全体から捉えた「社会的効率性」(social efficiency)を重視する。そして,その「社会的効率性」を政策の評価・判断の基準としているのである[22]。制度経済学者にとって重要なのは,公的規制によって経済的な成果や経済的効率性が追求されることではなく,個々人の集合体としての共同社会全体の観点から,しかも総合的な視点から,安全,公正,環境,福祉などの面で十分な成果があげられること(換言すれば,「社会的効率性」が高められること)である。それはまた,公益事業規制を含む公的規制は「社会的効率性」基準に基づいて策定・実施されることが要求される。

このように,制度経済学の主張する公益事業規制は,新古典派経済学に見られる「市場の失敗」の事例のような,単なる経済的効率性の観点から行われる規制容認とは異なる。そこには「社会的効率性」という新たな概念が付け加えられる。この「社会的効率性」概念は経済的効率性とは異なるより広い概念であり,そこには非経済的要素が含まれることになる。その意味では,制度経済学者にとって,たとえ経済的効率性が低くとも,「社会的効率性」が確保されるのであれば,公益事業規制を含む政府の公的規制は容認されることになろう。

ところで,制度経済学者が「社会的効率性」の観点から政府の公的規制(政府の介入)を積極的に認めるとしても,必ずしも政府の公的規制を無批判に受け入れているわけではない。すなわち,制度経済学者が政府による公的規制を是認する場合に,その前提として,政府あるいは公共部門の内在的問題についての再検討とその改革が必要であることを強調する。トレビングは,ガルブレイスの巨大法人企業と政府活動に関する議論をヒントに,テクノストラクチュアと政府官僚との「官僚制的癒着」にある国家から「公共国家」として機能する政府の実現を含む政府活動の再活性化をスタートさせることを主張している[23]。

以上のことから，制度経済学による公益事業規制に見られる政府規制の議論は，これまでの規制緩和や民営化などの市場主義政策のもたらす問題点を明らかにしている。またこれらの議論は，政府部門および政府の公共活動の内在的問題の克服を目指したものといえよう。政府規制を支持する制度経済学の議論は，「公共の利益とは何か」または「いかにして公共の利益を確保するか」という問題に直接関わっている。また，そこには経済的効率性に代わる政策評価基準・判断基準としての「社会的効率性」概念が重要な意味を持ってくる。その意味で，制度経済学の議論は，今後の政府規制のあり方に関する議論にとって有意義な内容を提供している。

（注）
1) Trebing, Harry M. (1994), "Public Utility Regulation, Institutionalist Contribution to", in Hodgson, Geffrey M., Samuels, Warren J., and Tool, Marc R., eds., *The Elgar Companion to Institutional and Evolutionary Economics*, 2 Vols., Edward Elgar, p. 200.
2) 赤澤昭三 (1992)『経済政策と公企業』税務経理協会, pp. 89 - 90.
3) Reynold, Larry (1981), "Foundatioins of an Institutional Theory of Regulation", *The Journal of Economic Issues*, Vol. 15, No. 3, September, p. 642.
4) イリーは，経済学史上，「アメリカ歴史学派経済学者」と見なされている。したがって，彼を制度経済学者に含めることには異論が出るであろう。しかし，イリーがコモンズの指導教員であり，コモンズに強い影響力を持っていたことを考慮すれば，ここでのイリーの扱いはトレビングの説に従ってもさしつかえないであろう。
5) Trebing, Harry M. (1984), "Public Utility Regulation：A Case Study in the Debate over Effectiveness of Economic Regulation", *The Journal of Economic Issues*, Vol. 18, No. 1, March, p. 227.
6) Trebing, 同上書 pp. 225 - 226.
7) Trebing, 同上書 p. 226.
8) Trebing, 同上書 p. 226.
9) Trebing, Harry M. (1984), "Public Control of Enterprise：Neoclassical Assault and Neoinstitutional Reform", *The Journal of Economic Issues*, Vol. 18, No. 2, June, p. 353.
10) Trebing, 同上書 pp. 353 - 354.
11) 公益事業のような自然独占的な産業は，初期の段階で膨大な初期投資や固定資本が必要となる。この創業時にかかる固定費用の中で，退出時に回収が困難な費用を「埋没費用」という。なお，「コンテスタブル・マーケット理論」については，依田

高典（2001）『ネットワーク・エコノミクス』日本評論社第2章，第3章に詳しく解説してある。
12) もちろん，より厳密には，新古典学派だけでなく，新自由主義のシカゴ学派や公共選択論のヴァージニア学派などもこの市場主義政策の理論的基礎を提供しているが，自由競争市場に信頼を置くという点でそれらは共通しているので，ここでは新古典学派をその総称として用いている。
13) Trebing, 同上書 pp. 354-356.
14) Trebing, Harry M. (1989), "Restoring Purposeful Government : The Galbraithian Contribution", *The Journal of Economic Issues*, Vol. 23, No. 2, June, p. 393.
15) Trebing, 同上書 pp. 396-401.
16) 具体的な規制緩和の措置として，1970年代の州際商業委員会（Interstate Commerce Commission），1980年の自動車運送会社法（Motor Carrier Act），そして1980年のスタッガーズ法（Staggers Act）が挙げられる。
17) Trebing, 同上書 p. 397.
18) Trebing, 同上書 pp. 397-399.
19) Trebing, 同上書 p. 409.
20) Klein, Phillip A. (1994), *Beyond Dissent : Essays in Institutional Economics*, M. E. Sharpe, p. 198.
21) Trebing, 前掲書（1989）p. 365.
22) Trebing, 前掲書（1994）p. 208.
23) Trebing, 前掲書（1989）pp. 402-409.

【その他参考文献】

〔1〕 Clark, Charles M. A. ed. (1995), *Institutional Economics and the Theory of Social Value : Essays in Honor of Marc R. Tool*, Kluwer Academic Publishers.
〔2〕 Gruchy, Allan G. (1974), "Government Intervention and the Social Control of Business : The Neoinstitutionalist Position", *The Journal of Economic Issues*, Vol. 8, No. 2, June.
〔3〕 Hodgson, Geffrey M., Samuels, Warren J., and Tool, Marc R., eds. (1994), *The Elgar Companion to Institutional and Evolutionary Economics*, 2 Vols., Edward Elgar.
〔4〕 Klein, Phillip A. (1994), "Public Sector, Role of the", in Hodgson, Samuels and Tool, eds.〔3〕
〔5〕 Muller, Edythe, S. (1994), "Regulation, Theory of Economic", in Hodgson, Samuels and Tool eds.〔3〕
〔6〕 Nowotny, Kenneth, Smith, David B. and Trebing, Harry M. eds. (1989), *Public Utility Regulation*, Kluwer Academic Publishers.
〔7〕 O'Hara, Phillip A. ed. (1999), *Encyclopedia of Political Economy*, Vols. 2, Routlege.

〔8〕 Petr, Jerry L. (1984), "Fundamentals of an Institutionalist Perspective on Economic Policy", in Tool ed.〔12〕

〔9〕 Reynold, Larry (1981), "Foundatioins of an Institutional Theory of Regulation", *The Journal of Economic Issues*, Vol.15, No.3, September.

〔10〕 Sheehan, Michael F. (1994), "Public Policy: Contribution of American Institutionalism", in Hodgson, Samuels and Tool eds.〔3〕

〔11〕 Stigler, George J. (1975), *The Citizen and the State: Essays on Regulation*, The University of Chicago Press, 余語将尊・宇佐美泰生訳 (1981)『小さな政府の経済学－規制と競争－』東洋経済新報社

〔12〕 Tool, Marc R. (1984), ed., *An Institutionalist Guide to Economics and Public Policy*, M. E. Sharpe.

〔13〕 Tool, Marc R. (1988), *Evolutionary Economics II: Institutional Theory and Policy*, M. E. Sharpe.

〔14〕 Trebing, Harry M. (1974), "Realism and Relevance in Public Utility Regulation", *The Journal of Economic Issues*, Vol.8, No.2, June.

〔15〕 Trebing, Harry M. (1994), "The Networks as Infrastructure: The Reestablishment of Market Power", *The Journal of Economic Issues*, Vol.28, No.3, June.

〔16〕 Trebing, Harry M. (1995), " Market Failure and Regulatory Reform: Energy and Telecommunication Networks as a Case Study" in Clark, ed.〔1〕

〔17〕 Trebing, Harry M. (1999), "Privatization" in O'Hara, ed.〔7〕

〔18〕 赤澤昭三 (1994)「公共活動の民営化と規制緩和」『現代経済社会における諸問題』第2巻, 東洋経済新報社

〔19〕 赤澤昭三 (2002)「ネオ制度主義の経済政策論－改革指向の経済政策－」『東北学院大学論集・経済学』第149号

〔20〕 赤澤昭三・関谷登・太田正行・高橋真 (1998)『制度経済学の基礎』八千代出版

〔21〕 赤澤昭三・関谷登・太田正行・高橋真 (2002)『制度の進化と選択』八千代出版

〔22〕 加藤寛・黒川和美編 (1987)『政府の経済学』有斐閣

〔23〕 公益事業学会編 (1989)『現代公益事業の規制と競争－規制緩和への新潮流－』電力新報社

〔24〕 林敏彦編 (1995)『公益事業と規制緩和』東洋経済新報社

〔25〕 松原聡 (1991)『民営化と規制緩和－転換期の公共政策－』日本評論社

〔26〕 松永征夫・清水啓典・荒井一博・御船洋編 (1989)『現代経済の制度と組織』有斐閣

あ と が き

　制度経済学は私たちの身近な経済生活を説明する理論として有効であるだけでなく，私たちが直面している現実の諸問題を解決するための糸口を提供している。その意味で，私は本書が多くの人々にとって意義ある一冊になることを願っている。

　本書を執筆する過程で，私が勤務する大学の授業科目「制度経済学」の受講生と髙橋ゼミの学生からの質問や意見が大いに参考になった。学生からの質問や意見は，本書で展開される基本的な概念や理論の本質にかかわるものであり，本書をより明快に，そしてわかりやすくすることへの工夫へとつながった。特に，髙橋ゼミの学生からの意見や質問は，私が当然のこととして受け止めている「制度経済学」の概念や考え方をわかりやすく本書に反映することに大いに役立っている。最後に，本書執筆に関して細部にわたる作業を快く引き受けてくれた髙橋ゼミ学生幹事大村田悠貴さんと齋藤佳菜さんの協力に感謝する。

　本書は，平成14年（2002年）に税務経理協会より発行した『制度主義の経済学』の内容とそれ以降に発表した以下の論文を大幅に加筆修正して，再構成したものである。

「経済政策論に対する制度主義アプローチ」尚絅学院大学『紀要』第50集，2003年
「ジョン・K・ガルブレイスとアメリカ制度主義の伝統」尚絅学院大学『紀要』第54集，2007年
「アメリカ制度主義における制度変化の理論」尚絅学院大学『紀要』第55集，2008年
「制度主義経済学論争」尚絅学院大学『紀要』第58集，2009年

「ＡＦＥＥにみるアメリカ制度主義経済学」尚絅学院大学『紀要』第60号，2010年

事 項 索 引

【あ行】

新しい時代の因果連鎖
　（revised sequence） -------------------- 89, 97
新しい社会主義（new socialism） --------- 79
アメリカ経済学会 ------------------------------ 23, 35
アメリカ経済学会会長 --------- 29, 30, 32, 35
アメリカ自由主義経済思想 ------------------- 22
アメリカ制度主義 ----------------------------------- 41
アメリカ統計学会会長 ----------------------------- 30
アメリカの非軍事化 ------------------------------- 63
意思決定 --- 83
依存効果（dependence effect）
　-------------------------------------- 89, 95～97, 107
ウィスコンシン委員会
　（Wisconsin Commission） ---------------- 121
ウィスコンシン州 ---------------------------------- 28
ヴェブレン派（Veblen branch） --------- 43
X非効率 --- 124

【か行】

階級社会 -- 91, 92
外部効果 --- 117
科学 -- 56
価格管理 -- 85
家事労働 -- 76
価値 -- 54, 59
価値基準 ----------------------------------- 14, 64, 107
価値基準の明示化 ----------------------------------- 106
価値経済学 --- 4
価値自由 -- 106
価値主導的（value-driven） ------------------ 103
価値前提 -- 106
価値中立的 --- 64
価値判断（value judgment） ---- 14, 106, 107
学会誌
　The Journal of Economic Issues（JEI） - 36, 41
学会誌
　The Review of Institutional Thought - 40
金儲け --- 29
貨幣経済（money economy） ------------------ 29
環境破壊 -- 33
慣習 -- 53
間接費の経済学的研究 ------------------------- 121
完全競争市場 -------------------------------------- 117
管理取引 -- 27
官僚制的癒着（bureaucratic symbiosis）
　-- 74, 76, 109, 129
慣例 -- 53
企業（business） ------------------------------ 15, 25
儀式（ceremony） ----------------------- 54, 56～58
儀式的行動
　（ceremonial behavior） ------------------ 15, 55
儀式的行動様式 ----------------------------------- 62
儀式的性格 --- 55
儀式的に正当化された価値 ------------------- 62
技術（technology） -------------------- 53～58, 64
技術革新 -- 69
技術者 -- 26
技術的決定の原理 ------------------------------- 59, 60
技術的行動
　（technological behavior） --------------- 15, 55

135

技術的性格 -------------------------------------- 55
技術的発展 ---------------------------- 59, 61, 62
規制 ------------------------------------- 123, 125
規制からの解放 ------------------------------ 123
規制緩和（規制撤廃） ------------------ 124〜128
規制的介入 ------------------------ 119, 120, 127
規制と競争 ---------------------------------- 128
規範価値の問題 ------------------------------ 104
規範経済学（normative economics）--- 106
規範的方法（normative method）--------- 14
規模の経済性 -------------------------------- 118
旧制度主義（Old-Institutionalism）
　　　　　　　　　　　　　---- 19, 25, 37, 43
競争原理 ------------------------------------ 128
競争促進政策 -------------------------------- 110
巨大法人企業
　　　-------- 68, 70〜74, 76〜79, 84〜86, 89, 109
金銭的見栄 ------------------------------ 91, 96
金融政策 ------------------------------------ 110
軍産複合体 ------------------------------------ 63
計画化 -- 71
計画化システム（planning system）
　　　　　　　　　　　　　　------- 71, 74, 84
景気循環 -------------------------------- 29, 30
経験的事実 ---------------------------------- 104
経済エリートの政府観 ------------------------ 109
経済決定論 ---------------------------------- 105
経済社会状況 ---------------------------------- 94
経済人（ホモ・エコノミカス）-- 8, 83, 129
経済政策 -------------------------------- 102, 105
経済政策の主体 ------------------------------ 108
経済政策論 -------------------------------- 102, 106
経済的規制 ------------------------------ 124〜126
経済的効率性 ---------------------------- 123〜125

経済的・社会的平等 -------------------------- 112
経済民主主義 ---------------------------------- 46
経済理論に対する制度的アプローチ
　（Institutional Approach to Economic
　Theory）-------------------------------- 4, 111
計量経済学会会長 ------------------------------ 30
ケインズ経済学 ------------------------------ 108
顕示的閑暇（conspicuous leisure）-------- 91
顕示的消費（conspicuous consumption）
　　　　　　　　　　　　----- 90〜93, 95〜97
顕示的浪費（conspicuous waste）- 91, 107
現代資本主義 ------------- 68, 77, 79, 92, 93, 95
現代資本主義システム ------------------------- 90
現代資本主義分析 ------------------------------ 67
憲法 -- 53
権力（power）
　　　　------- 8, 32, 56, 67, 69, 77, 79, 109, 113
権力関係 ------------------------------------ 111
権力関係の変更 ------------------------------- 79
権力強化策 ------------------------------------ 78
権力と有用な経済学者 -------------------------- 32
権力の均等化 --------------------------------- 79
公益事業 ---------------------------- 103, 117〜119
公益事業委員会 ------------------------------ 121
公益事業規制 --- 120, 122, 123, 125, 129, 130
公益事業研究 -------------------------------- 125
後期平和段階 ---------------------------------- 92
公共国家（public state）------------- 77, 129
公共性の認識（public cognizance）
　　　　　　　　　　　　　　------- 76, 77, 79
公共選択論（Public Choice）-------- 108, 109
公共の利益（public interest）--------- 123
公共目的 ------------------------------------ 109
広告・宣伝 ---------------- 73, 85, 87, 88, 93, 96

136

公正価格（just price） 31
硬性国家（hard state） 107
構造改革 112
公的規制 118〜120, 128, 129
行動主義者（activist） 104
公認の因果連鎖（accepted sequence）
　　　　　　　　　　　　　　 88, 89
公平 126
公民権運動 45
公有化（公企業化） 120
効率 125
ゴーイング・コンサーン 7, 27
国家の解放 76, 110, 127
古典派経済学 11, 12
古典派・新古典派経済学
　（classical-neoclassical economics） 3
古典派的伝統 31
コモンズ派（Commons branch） 43
混合経済システム 101
コンテスタブル・マーケット
　（contestable market）の理論 124
コントロール
　　 5, 6, 70, 71, 78, 105, 111, 113, 127, 128

【さ行】

最小限の混乱原理 59〜61, 63
財生産 29
財政政策 110
参加民主主義 46, 111
産業（industry） 15, 25
しきたり 57
思考習慣 25
事実存在の問題 104

市場機構 70, 78, 79, 117, 128
市場経済改革 61
市場システム 71
市場支配力 111, 118, 123, 125
市場主義政策 123, 125, 127, 128, 130
市場の失敗（market failure）
　　 69, 73, 101, 102, 111, 117, 118, 127
システム改革 77
自然淘汰 13, 22
自然独占 118, 124
失業保険制度 30
実証経済学（positive economics） 106
慈悲深い専制君主的政府観 109
資本主義経済 29
資本主義経済システム 101
シャーマン反トラスト法 21
社会改革 26, 105, 112, 114
社会改良主義 29
社会革命 26
社会化された不合理性
　（socialized irrationality） 89, 93
社会慣習 56, 57
社会経済的状況 95, 97
社会経済問題 59, 62〜64
社会主義崩壊 61
社会ダーウィン主義 13, 22
社会的規制 124, 125
社会的・経済的規制 113
社会的・経済的弱者 112
社会的経済的地位 68, 90, 94, 95
社会的効率性（social effciency）
　　　　　　　　　　　　 127, 129, 130
社会的正義 112
社会的バランス（social balance） 97

習慣化した行動 ―― 60	―― 34〜37, 39, 40, 42, 43, 46
自由競争 ―― 101	進化論的な（evolutionary）変化観 ―― 104
自由競争市場 ―― 110, 111, 125, 126, 128	進化論的見方 ―― 11
私有財産制度 ―― 101	新古典派経済学 ―― 37, 45, 125
重層化した社会（stratified society）	新古典派経済学者 ―― 40
―― 7, 112, 113	新古典派・主流派経済学
集団行動 ―― 27	―― 44, 68, 69, 83, 84, 117
自由放任主義 ―― 21	新古典派的市場観 ―― 79
手段的価値 ―― 61	新自由主義 ―― 125
手段的価値論	信条の解放 ―― 75, 79
（instrumental value theory） ―― 8, 64	新制度経済学
手段的行動様式 ―― 62	（New Institutional Economics） ―― 44
手段的（な）効率性 ―― 61, 62	新制度主義 ―― 44
手段的な価値基準 ―― 63	進歩的な（progressive）制度変化 ―― 61
手段的に正当化された価値 ―― 61	人民主義・進歩的な改革 ―― 121
手段的または道具主義的価値論	スタンダード石油 ―― 21
（instrumental value theory） ―― 54	政策手段 ―― 108
主流の制度主義	製作本能 ―― 25, 56
（mainstream institutionalism） ―― 38	政策目的 ―― 108
主流派経済学 ―― 31〜33, 101, 106	政治制度の改革 ―― 110
主流派経済学批判 ―― 30, 32	政治的怠惰 ―― 121
消費 ―― 107	贅沢品 ―― 91
消費行動 ―― 72, 83, 94, 95	制度（institution） ―― 7, 25, 27, 53, 54, 64
消費者 ―― 83, 85	制度改革 ―― 105
消費者主権 ―― 97	制度経済学（Institutional Economics）
消費者需要 ―― 73	―― 3〜6, 11, 37, 67, 117, 125
消費者需要の管理 ―― 85, 86, 88	制度経済学者 ―― 120
女性の解放 ―― 76, 79	制度経済学の消費理論 ―― 84
女性の社会進出 ―― 76	制度経済学の方法 ―― 9
所有権 ―― 27	制度主義 ―― 4, 23
進化経済学	制度主義思想 ―― 40
（Evolutionary Economics） ―― 13, 36	制度主義思想学会（The Association for
進化経済学会（The Association for	Institutional Thought） ―― 34, 39〜42
Evolutionary Economics）	

制度主義の二分法
　　（institutionalistic dichotomy） 104
制度進化 55
制度的構造 .... 57, 59～61
制度的調整（institutional adjustment）
　　................................... 58, 60, 61, 64
制度的調整プロセス 58
制度的な人間（institutional man） 8
制度の儀式的機能（価値） 59
制度の手段的（な）機能（価値） 59
制度（の）変化 .... 54, 58～60, 62～64
政府（国家） 73, 79
政府（代行機関） 108
政府規制 117
西部社会科学学会（the Western Social
　　Science Association） 39
政府の規制 110
政府の失敗 102
生命プロセス（life process） 112
戦後の安定 122
潜在的企業 125
潜在的企業の参入 124
先進諸国 107
前ダーウィン主義的（pre-Darwinian）
　　世界 10
全体論（holism） 9, 10
全体論的 34
全体論的経済学（Holistic Economics） - 10
全体論的な（holistic）アプローチ 105
全米経済研究所 29, 30

【た行】

ダーウィン以後の型
　　（post-Darwinian type） 11
ダーウィン学説 13
ダーウィン主義 11
退行的な（regressive）制度変化 61
対抗力政策 78
大衆消費者 86
大陸横断鉄道 21
小さな政府 127
地球規模の環境破壊 63
中小企業 68, 70, 71, 76, 78, 79
超学際的な研究 33
超自然的な感情的条件付け
　　（emotional conditioning） 57, 58
つごうのよい社会的美徳
　　（convenient social virtue） 76
低開発諸国 107
適応 57
適者生存 13, 23
テクノストラクチュア（technostructure）
　　........................... 72, 74, 76, 78, 85, 109
デモンストレーション効果
　　（demonstration effect） .... 94～96
電気通信分野 126
伝説 56, 57
ドイツ社会政策学会 23
道具 56
道具主義 8
道具主義哲学 104
独占 110, 111
独占禁止政策 110
独占市場 128

取引 --- 27
奴隷解放運動 --------------------------------- 45

【な行】

軟性国家（soft state） ------------------ 107
南北戦争 ------------------------------------- 21
二重構造経済 -------------------------------- 15
二分法（dichotomy） --------- 9, 14, 15, 29, 54
二分法的思考法 ------------------------------ 54
二分法分析 ----------------------------------- 53
ニュー・ディール ------------- 26, 28, 103, 122
ニュートン主義 ------------------------------ 11
ニュートンの力学的思考法 ------------------ 12
人間性 -- 34
認識された相互依存の原理 -------- 59, 60, 62
ネオ制度主義（Neo-Institutionalism）
 --- 20, 30
ネオ制度主義者 ------------------------------ 33
ノーベル経済学賞 --------------------------- 33

【は行】

ハーヴェイ・ロードの前提 ---------------- 108
売買取引 ------------------------------------- 27
発明や発見 ----------------------------- 57, 58
破滅的な競争（ruinous competition） - 123
パレート最適 ---------------------- 119, 120
非経済的要素 ---------------------- 33, 129
非効率 ---------------------------- 123, 126
批判経済学 ----------------------------------- 25
平等 --- 126
フェミニズム -------------------------------- 45
不確実な世界 -------------------------------- 56

不完全競争市場 ---------------------------- 117
婦人参政権運動 ------------------------------ 45
富裕階級（上流階級） ----------------------- 88
プラグマティズム ---------------------------- 8
プラグマティズム哲学 ----------------- 36, 46
プロセス指向的 ---------------------------- 103
プロセス・パラダイム ----------------------- 42
文化の産物（product of culture） --------- 8
変化の概念 ------------------------------ 11, 13
法人福祉国家（corporate welfare state）
 --- 113
方法論 --- 9
法律 --- 53
保護主義 ------------------------------------ 126
ポスト・ケインジアン --------------------- 40
本能（instinct） ----------------------- 25, 56
本能論 -- 57

【ま行】

埋没費用（sunk cost） ------------------- 125
マクロ経済政策 ---------------------------- 102
マルクス主義 ------------------------- 43, 46
見栄 ------------------------------------ 92, 93
ミクロ経済政策 ---------------------------- 102
身分 --- 56
身分制度 ------------------------------------- 57
民営化 -------------------------------- 124, 128
民主主義 -------------------------------- 63, 77
民主主義システム ------------------------- 113
民主主義政治システム --------------- 102, 108
民主主義的な政治システム --------------- 105
目的と手段の関係 ------------------------- 102

【や行】

有閑階級（leisure class）（上流階級）
　―――――――――――― 90〜93, 96
有効な経済政策 ――――――――― 112
優等財 ―――――――――― 93〜96
輸送産業分野 ―――――――――― 126
ゆたかな社会 ―――――――― 88, 95
欲望創出 ――――――――――――― 97

【ら行】

ラディカル政治経済学連合
　（The Union for Radical Political
　Economy；URPE）――――――― 42
ラディカル制度主義
　（Radical Institutionalism）――― 42, 43, 45
ラディカル制度主義者 ―――――――― 45
略奪本能 ――――――――――――― 26
累積的（な）変化 ―――――― 13, 104, 105
連邦社会保障法 ―――――――――― 30
浪費（waste）――――――――――― 107

【わ行】

ワードマン・パーク・ホテル
　（Wardman Park Hotel）――――― 35
割当取引 ――――――――――――― 27

人名索引

【あ行】

R・D・ウィリグ（R. D. Willig） ──────── 124
アイザック・ニュートン（Isaac Newton） ──────── 11, 12
アラン・G・グルーチー（Allan G. Gruchy） ──────── 10, 19, 35～41, 105
ウィリアム・G・サムナー（William Graham Sumner） ──────── 13, 22, 23
ウィリアム・M・ダッガー（William M. Dugger） ──────── 8, 42～44, 67, 113
ウィリアム・T・ウォーラー，Jr.（William T. Waller, Jr.） ──────── 42, 46, 54
ウィリアム・ボーモル（William Baumol） ──────── 124
ウェズレー・C・ミッチェル（Wesley C. Mitchell） ──────── 6, 19, 23, 29, 30, 35, 39, 103
ウェンデル・ゴードン（Wendell Gordon） ──────── 40
ウォールトン・H・ハミルトン（Walton H. Hamilton） ──────── 4～6, 11, 44, 105, 111, 113
ウォーレン・J・サミュエルズ（Warren J. Samuels） ──────── 37, 38
オリバー・ウィリアムソン（Oliver Williamson） ──────── 44

【か行】

ガーディナー・ミーンズ（Gardiner Means） ──────── 122
クラレンス・E・エアーズ（Clarence E. Ayres）
──────── 8, 11, 15, 19, 30, 31, 35～37, 39～41, 54～58, 64, 104
グンナー・ミュルダール（Gunnar Myrdal） ──────── 14, 33, 34, 105～107
K・ウィリアム・カップ（K. William Kapp） ──────── 33, 34

【さ行】

C・パンツァー（C. Panzar） ──────── 124
J・ファグ・フォスター（J. Fagg Foster） ──────── 9, 35, 40, 58～60, 62, 64
ジェイムズ・S・デューゼンベリー（James S. Duesenberry） ──────── 93
ジェームス・C・ボンブリッジ（James C. Bonbridge） ──────── 120, 122
ジェームス・M・ブキャナン（James M. Buchanan） ──────── 108
ジェームス・R・スタンフィールド（James R. Stanfield） ──────── 42, 112, 113
ジェームス・ストリート（James Street） ──────── 36
ジャニス・ペーターソン（Janice Peterson） ──────── 45

ジャン・クリスチャン・スマッツ（Jan Christian Smuts） ---------- 10
ジョセフ・ドーフマン（Joseph Dorfman） ---------- 23, 26, 28, 30, 35
ジョン・E・エリオット（John E. Elliott） ---------- 70
ジョン・K・ガルブレイス（John K. Galbraith）
---------- 15, 19, 22, 32, 67〜69, 72〜74, 76, 77, 79, 84, 86, 87, 89, 95〜97, 103, 107, 127, 129
ジョン・M・ケインズ（John M. Keynes） ---------- 89
ジョン・R・コモンズ（John R. Commons）
---------- 3, 7, 19, 23, 26〜28, 30, 35, 38, 39, 103, 120, 121
ジョン・R・マンカーズ（John R. Munkirs） ---------- 67
ジョン・ギャムズ（John Gambs） ---------- 11, 35〜41
ジョン・デューイ（John Dewey） ---------- 8, 36, 39, 46, 54, 55, 104
ジョン・モーリス・クラーク（John Maurice Clark） ---------- 35, 120, 121
ソースティン・ヴェブレン（Thorstein Veblen）
---------- 3, 7, 11, 13〜15, 19, 23, 25, 26, 29, 35, 38, 39, 43, 44, 53〜56, 90〜92, 96, 97, 107

【た行】

ダグラス・ダウト（Douglass Dowd） ---------- 42
ダグラス・ノース（Douglass North） ---------- 44, 45
チャールズ・ダーウィン（Charles Darwin） ---------- 13, 25
デイビット・ハミルトン（David Hamilton） ---------- 11〜13, 35, 40, 104

【は行】

ハーバート・スペンサー（Harbert Spencer） ---------- 13, 21, 23
ハリー・M・トレビング（Harry M. Trebing） ---------- 36, 103, 118, 120, 125〜127, 129
フィリップ・A・オ・ハラ（Phillip A. O'Hara） ---------- 41
フランクリン・ルーズベルト（Franklin Roosevelt） ---------- 103
ヘンリー・C・アダムス（Henry C. Adams） ---------- 120, 121
ポール・D・ブッシュ（Paul D. Bush） ---------- 40, 61〜63

【ま行】

マーク・R・トゥール（Marc R. Tool） ---------- 9, 40, 41
マーチン・G・グレーサー（Martin G. Glaeser） ---------- 120, 122
マックス・ウェーバー（Max Weber） ---------- 106

ミルトン・D・ロウアー（Milton D. Lower） ---------- 97
モーリス・A・コープランド（Morris A. Copeland） ---------- 11

【ら行】

ライオネル・ロビンズ（Lionel Robbins） ---------- 38
リチャード・T・イリー（Richard T. Ely） ---------- 23, 120, 121
リック・ティルマン（Rick Tilman） ---------- 42
ルイス・ジャンカー（Louis Junker） ---------- 35, 40
ロジャー・M・トゥラブ（Roger M. Troub） ---------- 64
ロナルド・コース（Ronald Coase） ---------- 44
ロナルド・フィリップス（Ronald Phillips） ---------- 42
ロバート・T・アベリット（Robert T. Averitt） ---------- 67
ロバート・ラフォレット（Robert LaFollette） ---------- 28, 121

【著者紹介】

髙 橋　真（たかはし　しん）
昭和31年（1956年）宮城県に生まれる。
東北学院大学大学院経済学研究科博士・後期課程修了
経済学博士
専攻分野：制度経済学，総合経済政策論
現在，尚絅学院大学総合人間科学部教授

【著書】
〈単著〉　『経済学を歩く－いまを知るために－』税務経理協会
　　　　『制度主義の経済学－ホリスティック・パラダイムの世界へ－』税務経理協会
〈共著〉　『制度の進化と選択』八千代出版
　　　　『制度経済学の基礎』八千代出版
　　　　『制度派経済学の展開』ミネルヴァ書房
　　　　『制度派経済学』ミネルヴァ書房
〈共訳〉　J・M・ブキャナン『コンスティテューショナル・エコノミックス』有斐閣
〈分担執筆〉　経済学史学会編『経済思想史辞典』丸善

著者との契約により検印省略

平成24年4月7日　初版第1刷発行　　　　制度経済学原理

　　　　　　　　　著　者　　髙　橋　　　真
　　　　　　　　　発行者　　大　坪　嘉　春
　　　　　　　　　印刷所　　税経印刷株式会社
　　　　　　　　　製本所　　株式会社　三森製本所

発行所　〒161-0033　東京都新宿区　　株式　税務経理協会
　　　　下落合2丁目5番13号　　　　　会社
　　　　振　替　00190-2-187408　　　電話　(03)3953-3301（編集部）
　　　　ＦＡＸ　(03)3565-3391　　　　　　　(03)3953-3325（営業部）
　　　　　　URL　http://www.zeikei.co.jp/
　　　　　　乱丁・落丁の場合は，お取替えいたします。

© 髙橋　真　2012　　　　　　　　　　　　　　　Printed in Japan

本書を無断で複写複製（コピー）することは，著作権法上の例外を除き，禁じられています。
本書をコピーされる場合は，事前に日本複写権センター（ＪＲＲＣ）の許諾を受けてください。
　JRRC（http://www.jrrc.or.jp　eメール：info@jrrc.or.jp　電話：03-3401-2382）

ISBN978-4-419-05750-3　C3033